1466902

DKB-Institut

Untere Teichstraße 88 · A-8010 Graz
Tel. u. Fax: 0316 / 46 61 41
e-mail: aigelsreiterhelmut@hotmail.com
www.aigelsreiter.com

Ordination Dr. Alena Aigelsreiter
Facharzt für Neurochirurgie · Akupunktur · Präventivmedizin

Untere Teichstraße 69 · A-8010 Graz
e-mail: info@wirbelsäule-aigelsreiter.at
www.wirbelsäule-aigelsreiter.at

ES ZÄHLT NICHT,
WAS WAR,

SONDERN, WAS
HIC ET NUNC
IST!

UNDE VENIS,
QUO VADIS?

ERST WENN DU ERKENNST,
DASS NUR DU ALLEIN
FÜR DICH VERANTWORTLICH BIST,
KANNST DU MIT DIR UND AN DIR
ETWAS VERÄNDERN!

HILF

DIR

SELBST!

Impressum

Die 7 Aigelsreiter für Wohlbefinden und Leistungssteigerung
von und mit Alena Aigelsreiter und Helmut Aigelsreiter

Titel: Die 7 Aigelsreiter
Keine Haftung für eventuelle Schäden bei Übungen.

1. Auflage © 2001
2. Auflage © 2003
3. Auflage © 2004
4. Auflage © 2005
5. Auflage © 2006
6. Auflage © 2008
7. Auflage © 2012
8. Auflage © 2015

Alena Aigelsreiter und Helmut Aigelsreiter, 8010 Graz
Erschienen im Eigenverlag des DKB-Institutes
A-8010 Graz, Untere Teichstraße 88
Telefon & Fax 0316/ 46 61 41
e-mail: aigelsreiterhelmut@hotmail.com
www.aigelsreiter.com

ISBN 3-9501544-0-X

Buchbestellungen nur schriftlich, per Fax und e-mail.
Redaktion: Alena Aigelsreiter & Helmut Aigelsreiter, Graz
Umschlaggestaltung: Helmut Aigelsreiter, Alexander Kurz
Layout: Alena Aigelsreiter, Helmut Aigelsreiter, Alexander Kurz
Photos: Thomas Koch, WEB-SOLUTIONS.at,
Photos: Faszienprogramm, Selbstmobilisation: Studio: Oliver Wolf
Druck: KurzDruck GmbH, A-8682 Mürzzuschlag/Hönigsberg,
      Tel.: 03852/30380, office@kurz-druck.at, www.kurz-druck.at

Alena Aigelsreiter & Helmut Aigelsreiter

DIE 7 AIGELSREITER®

für Wohlbefinden und Leistungssteigerung

Für Ariane und Ottilie

DIESES BUCH WIDMEN WIR ARIANE UND OTTILIE.

Das Werk, einschließlich aller seiner Teile, ist urheberrechtlich geschützt. Jede Verwertung ausserhalb des Urhebergesetzes ist ohne Zustimmung der Autoren unzulässig und strafbar. Das gilt insbesondere für Vervielfältigungen, Übersetzungen, Mikroverfilmung und die Einspeicherung und Verarbeitung in elektronischen Systemen. Es ist deshalb nicht gestattet, Abbildungen dieses Buches zu scannen, in PC´s bzw. auf CD´s zu speichern oder in PCs/Computern zu verändern oder einzeln oder zusammen mit anderen Bildvorlagen zu manipulieren, es sei denn, mit schriftlicher Genehmigung. Die in diesem Buch veröffentlichten Ratschläge sind mit größter Sorgfalt von den Autoren erarbeitet und geprüft worden. Eine Garantie kann jedoch nicht übernommen werden. Ebenso ist eine Haftung der Autoren und ihrer Beauftragten für Personen-, Sach- oder Vermögensschäden ausgeschlossen.

Öffentliche Vorführung und Sendung sowie sonstige gewerbliche Nutzung oder deren Duldung der 7 AIGELSREITER sind untersagt und nur mit schriftlicher Genehmigung der Autoren gestattet.

Demonstratoren: Alena Aigelsreiter, Helmut Aigelsreiter, Autoren.

Die 7 Aigelsreiter

Sämtliche Trainingsanleitungen sind made by Aigelsreiter, basieren auf Eigenerfahrung, erlebte und erlittene Körperprobleme, gekoppelt mit Anatomiekenntnissen vom Medizinstudium unter dem Motto:

„WIR HABEN KEINEN RUHEAPPARAT, WIR HABEN EINEN BEWEGUNGSAPPARAT."

JEDER IST SEINES KÖRPERS SCHMIED.

Inhalt

	I.	Ich bin in mir	10 - 12
	II.	Die Schlüsselzahl 7	13
	III.	Die 7 Aigelsreiter	14 - 16
	IV:	Die 7 Aigelsreiter in Verbindung mit 7 Inspirationen - richtige Atmung	17 - 18
	V.	Das Pro-Aging-System	19 - 20
	VI.	Das Ischias-Syndrom	21 - 22
	VII.	Das Wirbelsäulenprogramm	23 - 30
	VIII.	Das Faszienprogramm	31 - 37
	IX.	Die 7 Tipps für das Training	38
	X.	Die 7 D-Aigelsreiter (Dehnungen)	39 - 74
	XI.	Die 7 K-Aigelsreiter (Kräftigungen)	75 - 114
	XII.	Die 7 Aigelsreiter Selbstmobilisation	115 - 122
	XIII.	Die 7 Aigelsreiter Spezielle Kopf- und Nackenübungen	123 - 126

Inhalt

XIV.	Die 7 Säulen des Wohlbefindens	127
	I. Säule Bewegen - Gelenkstraining (7 Aigelsreiter)	128
	II. Säule Bewegen - Kreislauftraining (Herz, Lunge)	129 - 131
	III. Säule Ernähren	132 - 133
	IV. Säule Gehen	134
	V. Säule Sitzen	135 - 136
	VI. Säule Liegen	137
	VII. Säule Bekleiden	138 - 139
	Schlußbemerkung zum Tempel des Wohlbefindens	140
XV.	Welche Sportarten sind gesund?	141 - 143
XVI.	Autoren	144 - 145
XVII.	Die 7 abschließenden Gedanken	146
XVIII.	Ankündigung	147
XIX.	Literatur	148

Ich bin in mir

Die Erfahrung, dass Sport nicht immer gesund ist, mußte ich anläßlich meiner „Staatlichen Schilehrerausbildung" am Arlberg beim Schidiktator Kruckenhauser mit seiner unphysiologischen „Verwindungstechnik" am eigenen Bewegungsapparat leider selbst machen. Durch ständige Fehlbelastungen der Wirbelsäule waren Bandscheibenschäden unvermeidbar.

> **„ICH BIN DURCH MICH IN MIR GEFANGEN,**
> **LEG MIR SELBER FESSELN AN UND**
> **BETRACHTE MICH MIT BANGEN,**
> **DASS ICH DURCH MICH IN MIR**
> **NICHT ANDERS KANN."**

Im Jünglingsalter von ca. 40 Lenzen quälten mich beinahe zu jeder Tages- und Nachtzeit enorme „Kreuzschmerzen" gepaart mit unangenehmen Bewegungseinschränkungen. Geduldig ließ ich alle zeit- und kostenaufwendigen Behandlungsmethoden wie Rheumapflaster, Einreibungen, Heißluft, Massagen, Unterwassermassagen, Moorpackungen, Fangopackungen, Schlingenstreckungen, Streckbettstrekkungen, Spritzenkuren, Medikamenteneinnahmen jeder Art, ohne jeden Erfolg, beinahe zwei Jahre lang über mich ergehen. Mein Zustand verschlimmerte sich derart, daß ich unmittelbar vor der Operation stand, die ich jedoch auf Geheiß meiner inneren Stimme zu meinem Wohl nicht durchführen ließ.

Am Tiefpunkt meiner Verzweiflung über meinen körperlichen Zustand angelangt, brachte ich damals, vor mehr als 40 Jahren, den in der Mitte stehenden Spruch zu Papier. Mit diesen Zeilen begann mein Reifungsprozess und ich dachte über mich und mein künftiges Schicksal ernsthaft nach. Es dauerte nicht lange und es kam aus meinem Innersten der erlösende Befreiungsschrei - nicht ICH KANN, - sondern „ICH WILL". Es wurde mir sehr bald klar, wenn ICH WILL - KANN ICH AUCH, unter dem Motto: „Der Wille läßt dich Berge versetzen". Als gläubiger Erdenbürger war mir mein Weg vorgegeben und mein Entschluß stand fest : „So lange ICH BIN und in meinem Körper sein darf, WILL ICH ihn fortan pflegen durch vernünftiges BEWEGEN."

Mein Körper, bestehend aus Knochen, Gelenken, Muskeln, Sehnen, Bändern, Organen etc. bin nicht ich, er ist mein Gehäuse, mit dem ich richtig haushalten muß, um mich darin auch wohlfühlen zu können.

Ich nahm mein Schicksal selbst in die Hand und begann mit Bewegungstherapie in Form von Dehnungs- und Kräftigungsübungen, um meine Muskeln gezielt zu trainieren.

Mein stundenlanges tägliches Üben zeigte Wirkung, der erhoffte Erfolg stellte sich allmählich ein, ich wurde schmerzfrei und in der Folge wieder so beweglich wie im Kindesalter.

Ich bin in mir

Beweglichkeit ist keine Hexerei!

7 = 70 UND MEHR

www.aigelsreiter.com

Ich bin in mir

Aus meinem umfangreichen Übungsprogramm, manifestiert u. a. in meinem Buch:

„JUNG BLEIBEN BEIM ÄLTER WERDEN"
Eigenverlag des DKB -Institutes
Untere Teichstraße 88, 8010 Graz,
Tel. & Fax 0316/46 61 41

**DURCH DKB - M
DEHNEN, KRÄFTIGEN, BEWEGEN
UND MOBILISIEREN
ZU GESUNDHEIT
UND WOHLBEFINDEN**

kristallisierten sich bald meine 7 DEHNUNGS- und 7 KRÄFTIGUNGS-Standardübungen heraus, die ich nun schon mehr als vier Jahrzehnte täglich ausführe. Egal, wo immer ich mich aufhalte, zu Hause, bei Seminaren, im Urlaub, im Hotel etc.... auf die 7 AIGELSREITER verzichte ich keinesfalls, sie gehören zum Tagesablauf wie Waschen, Zähneputzen, Rasieren, Essen usw. Ich mußte nämlich feststellen, dass ich mich bei der Erlangung meines Wohlbefindens nicht auf andere verlassen kann und dieses hohe Ziel nur selbst in der Lage bin zu erreichen.

So lange jedoch der Großteil der Menschen das sogenannte „KRANKENKASSENDENKEN" hat, wird für sie dieses Ziel in weiter Ferne bleiben. Die übliche Wunschvorstellung - ich zahle ohnedies meinen monatlichen Krankenkassenbeitrag - und wenn dann einmal am BEWEGUNGSAPPARAT etwas nicht in Ordnung ist, müssen sie mich wieder herrichten, funktioniert halt nur in den seltensten Fällen.

Störungen am Bewegungsapparat sind zu einem Großteil muskuläre Probleme in Form von Muskelverkürzungen bzw. Muskelabschwächungen, die fast nur durch Eigenaktivität behoben werden können. Es ist derzeit der Medizin nicht möglich, an einem Patienten Muskeldehnungen bzw. Muskelkräftigungen zielführend durchzuführen. In diesem Zusammenhang gilt mein Leitspruch:

**„VERLASS DICH
SO WENIG
WIE MÖGLICH
AUF ANDERE -
HILF DIR SELBST
(MIT DEN
7 AIGELSREITER),
DANN IST DIR
GEHOLFEN!"**

Die Schlüsselzahl 7

Die Verbindung mystischer und heiliger Beziehungen zu Zahlen hat in verschiedenen Kulturkreisen eine lange Tradition. So wurde der Zahl **7** von eh und je ein besonderer Stellenwert zugeschrieben, um nur zu nennen:

Die 7 Weltwunder der Antike,
die 7 Schöpfungstage Gottes,
die 7 Hügel Roms,
die 7 freien Künste an den Universitäten im Mittelalter,
die 7 Sakramente der kath. Kirche,
die 7 Weisen im alten Griechenland,
die 7 Todsünden,
die 7 letzten Worte Christi am Kreuz,
die 7 Reisen von Sindbad dem Seefahrer,
Schneewittchen und die 7 Zwerge usw...

Dazu gesellen sich, last but not least, nun die 7 AIGELSREITER in Form von:

7 Dehnungsübungen
7 Kräftigungsübungen
7 Inspirationen
7 mal, 2 mal 7,
3 mal 7 Wiederholungen,
7 mal pro Woche.

Was sind nun die 7 AIGELSREITER - siehe Seite 14!

Die 7 Aigelsreiter

Bei den **7 AIGELSREITER** (7 Dehnungen und 7 Kräftigungen) handelt es sich um ein ganz spezielles Programm, das bei richtiger täglicher Ausführung einen entscheidenden Beitrag für eine allgemeine Leistungssteigerung und für Wohlbefinden liefert.

Der Schwerpunkt dieses Trainings liegt beim **Beckengürtel**. Ganz spezifisch werden die wichtigsten Muskelgruppen in Form von Dehnungen und Kräftigungen in die Balance gebracht. Anatomisch gesehen besteht das Becken aus den beiden Darm-, Sitz- und Schambeinen, dem Kreuzbein und den beiden Hüftgelenken. Das Becken ist in seiner Gesamtheit das Zentrum des Körpers und verbindet Ober- und Unterkörper miteinander.

Es wirkt wie ein Balancegestell, das das Gewicht des Oberkörpers aufnimmt und über die beiden Hüftgelenke auf die Beine überträgt. An allen Beckenbewegungen sind immer auch die Hüftgelenke und die Lendenwirbelsäule beteiligt.

Biomechanisch gesehen befindet sich die Hüfte in einer kinetischen Kette als Verbindungsglied zur Wirbelsäule nach oben und zu den Beinen nach unten. Zahlreiche Muskeln, die für die Rumpfbewegungen und für die unteren Extremitätenbewegungen zuständig sind, haben im Becken ihren Ursprung bzw. ihren Ansatz.

All diese Muskeln neigen durch einseitige Überlastungen bzw. Unterlastungen sowohl im Sport und Beruf, als auch im Freizeitverhalten zu Verkürzungen und Abschwächungen, was zur muskulären Dysbalance mit Schmerzen führt.

Ein ausgewogenes Verhältnis von Adduktoren, Abduktoren, Hüftstreckern und Hüftbeugern, und Außen- und Innenrotatoren ist daher Voraussetzung für natürliche Bewegungsabläufe. Häufig entsteht im Becken nicht nur eine MUSKULÄRE DYSBALANCE zwischen linker und rechter Körperseite, sondern auch zwischen oberflächlicher und tiefer liegender Muskulatur. Von muskulären Beeinträchtigungen des Hüftgelenkes strahlen Schmerzen bis ins Kreuz und in die Leistengegend aus. Muskuläre Dysbalancen wirken sich immer negativ auf die Statik des Beckens aus und rufen nicht selten Beschwerden hervor.

Besonders empfindlich sind die Knorpel der Hüftgelenke, die man ebenfalls durch gezieltes Kraft- und Dehnungstraining vor Schäden schützen kann.

Das Ziel eines derartigen Trainings ist eine größtmögliche Beweglichkeit des Gelenkes bei entsprechender muskulärer Balance der Abspreizer/Anzieher, der Strecker/ Beuger, der Ein- und Auswärtsdreher sowohl der oberflächlichen als auch der tieferliegenden Muskelgruppen zu erreichen.

Die 7 Aigelsreiter

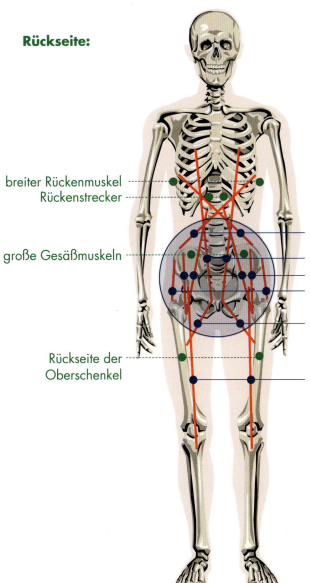

Rückseite:
- breiter Rückenmuskel
- Rückenstrecker
- große Gesäßmuskeln
- Rückseite der Oberschenkel

Vorderseite:
- schräge Bauchmuskeln
- gerade Bauchmuskeln
- Hüftbeugemuskeln
- mittlere u. kleine Gesäßmuskeln (Abduktoren)
- Adduktoren (Anzieher)
- Vorderseite der Oberschenkel (Quadrizeps)

DAS BECKEN ALS ZENTRUM DES WOHLBEFINDENS UND DER LEISTUNGSSTEIGERUNG.

Die 7 Aigelsreiter

DIE MUSKELN IN DER HÜFTE STABILISIEREN DAS BECKEN UND FÜHREN GLEICHZEITIG BEWEGUNGEN AUS.

MUSKULÄRE DYSBALANCEN (VERKÜRZUNGEN ODER ABSCHWÄCHUNGEN) FÜHREN ZU FEHLBELASTUNGEN.

DEN ABSCHWÄCHUNGEN UND VERKÜRZUNGEN DER TIEFER LIEGENDEN HÜFTMUSKULATUR KANN NUR MIT GEZIELTEM BECKENTRAINING BEGEGNET WERDEN.

IM KINDESALTER WIRD DAS HÜFTGELENK MEISTENS DURCH ZU WENIG AKTIVE SPORTTÄTIGKEIT BELASTET, WAS IN DER FOLGE IM ALTER ZU HÜFTBESCHWERDEN FÜHREN KANN.

DURCH VERNÜNFTIGE SPORTLICHE BETÄTIGUNG UND BEWEGUNG WERDEN DIE GELENKE GEFESTIGT UND RESISTENTER - UNTER DEM MOTTO:

**„KÖRPER PFLEGEN
DURCH BEWEGEN
UND NICHT
KÖRPER SCHONEN
DURCH
SITZEN, LIEGEN, WOHNEN!"**

**Das Ziel der 7 Aigelsreiter soll sein,
den Beckengürtel durch Dehnungs- und Kräftigungsübungen im muskulären Gleichgewicht
ohne Schmerzen zu halten.
Die durch gezielte Übungen erzeugte physiologische
Muskelbalance ist ein Garant
für gesamtkörperliches Wohlbefinden und
allgemeine Leistungssteigerung bis ins hohe Alter.**

Die 7 Aigelsreiter in Verbindung mit 7 Inspirationen - richtige Atmung

Die ATEMBEWEGUNGEN werden in erster Linie reflektorisch gesteuert, können aber auch willentlich beeinflußt werden. Bei harmonischen Bewegungen, z. B. bei Kräftigungsübungen, verläuft die Atmung von selbst richtig, was umgekehrt bedeutet, dass mühelose Atmung auch ein Kennzeichen guter Bewegungstechnik ist. Sie passt sich zwanglos Abwandlungen und Rhythmuswechseln der Bewegungsabläufe an und soll dabei nicht bewußt behindert werden. Eine Ausnahme bilden DEHNUNGSÜBUNGEN, bei denen BEWUSSTES AUSATMEN die gleichzeitige DEHNUNG der Muskulatur fördert, so dass Entspannung und Ausatmung einander bedingen.

Das Zwerchfell

Das Zwerchfell ist ein wichtiger Muskel, der bei der ATMUNG eine große Rolle spielt. Alle 7 DEHNUNGSÜBUNGEN der 7 AIGELSREITER müssen immer in Verbindung mit der ZWERCHFELLATMUNG durchgeführt werden. Bei natürlicher Atmung vollzieht das Zwerchfell ca. 18 Bewegungen in der Minute. Es bewegt sich etwa 4 cm bei der EINATMUNG nach unten und 4 cm bei der AUSATMUNG in den Erschlaffungszustand nach oben; das entspricht einer mittleren Amplitude von 8 cm. Durch die regelmäßige, ununterbrochene Einwirkung des Zwerchfelles bei der Ein- und Ausatmung auf den Magen-Darmtrakt und die Leber werden all deren Funktionen gefördert und günstig beeinflusst.

Die Druckunterschiede in der Bauchhöhle und im Brustkorb haben starken Einfluß auf die Blutzirkulation. Die EINATMUNG erfolgt immer durch die Nase mit kontrollierter Bauchwand. Die AUSATMUNG wird durch halbgepresste Lippen (wie bei einer Düsenwirkung) sehr lange vorgenommen und dabei wird die Bauchwand wieder kontrolliert mitbewegt.

a) Einatmung

erfolgt durch die Nase. Das Zwerchfell kontrahiert sich, senkt sich nach unten, erzeugt Druck auf Eingeweide; die kontrollierte Bauchwand wird nach vor gewölbt; Lungenraum vergrößert sich.

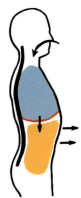

b) Ausatmung

erfolgt durch halbgepresste Lippen, das Zwerchfell erschlafft - bewegt sich nach oben, die kontrollierte Bauchwand drückt die Organe zurück und massiert sie; der Lungenraum verkleinert sich, wodurch bei der folgenden Absenkung des Zwerchfells aufgrund eines Unterdrucks im Lungenraum die Luft durch die Nase wieder angesaugt wird.

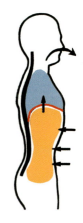

Die 7 Aigelsreiter in Verbindung mit 7 Inspirationen - richtige Atmung

Leider ist in unserer sog. zivilisierten Welt aufgrund von BEWEGUNGSMANGEL bei vielen Leuten die natürliche Zwerchfellatmung nicht mehr intakt. Jenen sei empfohlen, vor Beginn der 7 DEHNUNGSÜBUNGEN ein funktionelles ZWERCHFELLATEMTRAINING vorzunehmen.

Dabei ist unbedingt zu beachten, dass keine einengenden Kleidungsstücke um die Mitte den Trainingserfolg verhindern. Der Atemrhythmus ist dreiteilig:

EINATMEN - AUSATMEN - PAUSE.

Bei LANGER AUSATMUNG ist man IN ATEM. Umgekehrt ist man mit kurzer AUS- und langer EINATMUNG außer Atem (Asthmatiker). Je länger die Ausatmung, umso stärker der Einatmungsimpuls, umso mehr Luft strömt ein.

Der Atemrhythmus ist individuell geprägt und unterliegt fortwährendem Wechsel.

FEHLATMUNGEN, wie Stauatmung oder Pressatmung können zu krampfartigen Spannungszuständen führen. Es entsteht ein Gefühl von Atemnot, das durch krampfhafte Einatmungsbewegungen nur noch verschlimmert wird (Bronchialasthma).

DEHNUNGSEMPFEHLUNG:

**ATME DICH FREI
UND NÜTZE IN VOLLEN ZÜGEN
IN VERBINDUNG MIT
DEN 7 AIGELSREITER
UNSER LEBENSERHALTENDES ELEXIER,
DEN SAUERSTOFF!**

Die 7 Aigelsreiter
Das Pro-Aging-System

Billiger und wirksamer als Anti-Aging-Produkte ist ein regelmäßiges Körpertraining gegen das Älterwerden.

Gelenkstraining

Kreislauftraining

Wir leben in der Gegenwart mit dem Blick in die Zukunft, d. h. wir leben HEUTE mit dem Blick auf MORGEN. So läuft unser natürlicher Lebensrhythmus unaufhaltsam in unsere vorprogrammierte Zukunft. Wir sind gut beraten, den Lauf des Lebens zu akzeptieren wie ihn die Natur vorgibt. So gesehen ist auch das Älterwerden des Menschen ein ganz natürlicher Ablauf, den wir zulassen müssen.

Länger jung durch Salben, Pillen und Co?

Die derzeitige künstlich erzeugte hysterische „Anti-Aging-Welle" hat nur den Zweck, die Geldkassen der Erzeugerfirmen von Anti-Aging-Produkten zu füllen.
Verjüngungsprodukte aller Art werden beworben und die Geldreserven vor allem älterer Menschen angezapft. Wenn jedoch der versprochene Verjüngungsprozess sich nicht einstellt, kommt man sehr bald dahinter, dass sich die so genannte Werbewahrheit als Werbelüge entpuppt.

Was die angebotenen Körperpflegemittel betrifft, muss man dazu bemerken, dass die Anbieter die Haut mit dem Körper verwechseln – sie bieten Produkte für die Haut, unser größtes Körperorgan an, und nicht Mittel für den Körper. Unseren Körper – bestehend aus Knochen, Muskeln, Sehnen, Bändern, allen Organen, einschließlich die Haut kann man nur durch Bewegen pflegen, nicht durch das Aufschmieren fragwürdiger Präparate auf unsere gequälte Haut.

Körper pflegen durch Bewegen

Die Haut lebt vom gut funktionierenden Muskel. Ein Vergleich macht dies deutlich: Wir legen im Herbst einen saftigen Apfel in den Keller. Im Frühjahr ist es noch immer derselbe Apfel, allerdings hat er keine glatte Schale mehr. Das Fruchtfleisch ist geschrumpft und die Apfelhaut legt sich in Falten. Derselbe Vorgang ist bei einem alternden Menschen zu beobachten – Muskelfleisch schwindet und die Haut legt sich in Falten darüber.

Die 7 Aigelsreiter
Das Pro-Aging-System

Würde man durch Muskeltraining seine Muskelmasse bis ins hohe Alter in Balance halten, wäre nicht nur eine optimale Versorgung der Haut über gut arbeitende Blutbahnen gewährleistet, sondern die Haut hätte weniger Möglichkeit, sich in Falten zu legen.

Damit wären wir beim Kernpunkt:
Wir sollten lernen umzudenken und dürfen nicht weiterhin die „Anti-Aging-Welle" passiv über uns ergehen lassen – sondern unser „PRO-AGING-PROGRRAMM" selbst in die Hand nehmen und aktiv unser Älterwerden mitgestalten.

Mein Leitspruch:
„Körper pflegen durch Bewegen und nicht Körper schonen durch Sitzen, Liegen und Wohnen!"

„Pro-Aging-Kampagne"

„Erst wenn du erkennst, dass du allein für dich verantwortlich bist, kannst du mit dir und an dir etwas ändern!"

Das aktive Mitgestalten kann auf zwei Ebenen vor sich gehen:

1. Um bis ins hohe Alter unser muskuläres Gleichgewicht und damit die ganzkörperliche Gelenkigkeit zu erhalten, ist Muskeltraining in Form von Dehnen, Kräftigen und Mobilisieren notwendig.

2. Das tägliche Herz-Kreislauftraining in Form von Gehen, Wandern, Nordicwalking, Laufen etc. sollte zu einem fixen Bestandteil des Tagesablaufs eines älteren Menschen werden.

Diese beiden Forderungen sind kaum eine Frage des Könnens, sondern ausschließlich des WOLLENS und der zeitlichen Tageseinteilung. Weitere Anregungen für ihr Wohlfühlen finden sie im Tempel des Wohlbefindens ab Seite 127.

Wenn wir uns künftig auf unserem Lebensweg in Richtung Älterwerden weniger auf andere verlassen, sondern diesen Weg selbst aktiv mitgestalten, stärkt das nicht nur unser Selbstvertrauen, sondern erspart uns Geld, Zeit, Enttäuschung und Ärger – was wiederrum zu einer besseren Lebensqualität beiträgt.

Viel Spaß und Erfolg bei Ihren täglichen „PRO-AGING-AKTIVITÄTEN!"

P.S.:
Sehr entscheidend beim Bewegen im Freien sind eine den Jahreszeiten angepaßte Oberbekleidung aus Naturfasern und vor allem anatomisch funktionelle Schuhe, die unsere gespeicherten Bewegungsmuster des Gehens und Laufens ermöglichen (siehe Bekleidung Seite 138-139, Schuhe Seite 134).

Die 7 Aigelsreiter
Das Ischias-Syndrom

Gemeinsam mit Univ.-Prof. Dr. Friedrich Anderhuber ist es mir gelungen, im Anatomieinstitut der Universität Graz das Geheimnis des Ischiasschmerzes zu lüften und den Zusammenhang zwischen musculus piriformis und den unangenehmen Schmerzen herzustellen.

Das Kompressionssyndrom und seine Folgen

Der Ischiasnerv verlässt in Höhe des Gesäßes das Becken, läuft auf die Rückseite des Oberschenkels und schickt seine Äste schließlich bis in die Fußspitzen. An der Austrittsstelle zieht der Nerv gemeinsam und unmittelbar unterhalb des musculus piriformis durch eine knöcherne Öffnung des Beckens. Ist im menschlichen Körper alles im Lot, macht diese enge Nachbarschaft von Nerv und Muskel keine Probleme. Gerät die Balance der Muskeln aber aus dem Gleichgewicht, wirkt sich das auch auf den Ischiasnerv aus, und zwar direkt an seiner „Schwachstelle", der Austrittsstelle aus dem Becken. Die eigentliche Ursache für Beschwerden ist die Verkürzung des Muskels. Denn dazu neigt der musculus piriformis im Laufe der Zeit. Warum das so ist, weiß die Medizin nicht ganz genau.

Da die Muskelmasse gleich bleibt, wird der kürzere Muskel zwangsläufig dicker. Er braucht also mehr Platz und nimmt sich diesen Platz auf Kosten seines Nachbarn, des Ischiasnervs. Wir wissen, was passiert, wenn uns etwas ununterbrochen auf die Nerven geht. Was für den seelischen Bereich gilt, gilt auch auf körperlicher Ebene. Wenn dem Ischiasnerv die verdickten Muskeln lange genug „auf den Nerv gehen", reagiert er gereizt. Hält der Druck an, wird aus der Reizung eine Schädigung. Es kommt zu Schmerzen und Lähmungen. Dieses Phänomen, auch als Kompressionssyndrom bekannt, kennen wir an allen möglichen Stellen des menschlichen Körpers. Auch die Symptome eines gereizten Ischiasnervs wurden bereits in den 20er Jahren des vorigen Jahrhunderts beschrieben, als musculus piriformis Syndrom (Yeoman, 1928). Doch der ursächliche Zusammenhang zwischen Muskelveränderung und Schmerzgeschehen einerseits und der Möglichkeit der Therapie durch gezieltes Dehnen andererseits waren seinerzeit noch unbekannt.

„Ischiasübung"

Dehnen nach den Übungen „Die 7 Aigelsreiter"

Der für den gereizten Ischiasnerv verantwortliche muskulus piriformis gehört zu einer Muskelgruppe, die als „Außenroller" oder Ausdrehermuskeln bezeichnet werden, ein Name, der sich von den Bewegungen, die diese Muskeln durchführen, herleitet. Der musculus piriformis hat aber noch eine zweite Aufgabe: Er wirkt auch bei der Streckung des Beines mit. Die Ausdrehermuskeln arbeiten also gleichzeitig als Strecker. Das erklärt, warum der gereizte Ischiasnerv bei gestrecktem

Die 7 Aigelsreiter
Das Ischias-Syndrom

Bein besonders schmerzt.

Dieses Wissen macht sich die Medizin mit dem sogenannten Gower-Bonnet-Test zunutze. Dieser einfache Test stellt fest, ob jemand tatsächlich an einem muskulär bedingten Ischiassyndrom leidet. Hat der Patient bei der Beugung des Beins und gleichzeitigen Innenrotation des Hüftgelenks Schmerzen, ist er mit ziemlich hoher Wahrscheinlichkeit betroffen. Meine spezielle Übung sorgt dafür, dass genau dieser Muskel gedehnt wird. Das beseitigt die Verkürzung des Muskels und seine Verdickung. Der Ischiasnerv hat daher wieder Platz und keinen Grund mehr für eine anhaltende, schmerzhafte Reizung.

Revolution in der Ischasbehandlung

Was so einfach und einleuchtend klingt, ist eigentlich eine revolutionäre Entwicklung in der Behandlung des Ischiassyndroms. Denn die Medizin wusste bislang nur, dass der Ischiasnerv Schmerzen im Gesäß oder im Kreuzbein verursacht. Dass das mit einer muskulären Verkürzung zusammenhängen kann und durch Dehnung behandelbar ist, bedachte man nicht.

Diese Entdeckung ist Prof. Dr. Anderhuber und mir gelungen. Wie viele Fälle von Ischias tatsächlich muskukär bedingt sind und sich damit durch Dehnungen behandeln lassen, wissen wir noch nicht. Das wird die medizinische Forschung erst herausfinden müssen.

Das musculus-piriformis-Syndrom hat das selbe Hauptsymptom wie der Bandscheibenvorfall (Schmerzen entlang des Ischiasnervs). Allerdings sind beim Bandscheiben-Vorfall die aus dem Rückenmark austretenden Nervenfasern Ursache des Schmerzes. Die Symptome beider Krankheiten sind sich also recht ähnlich. Daher kann es vorkommen, dass es sich bei einem angeblichen Bandscheiben-Vorfall tatsächlich um ein musculus-piriformis-Syndrom handelt. Typische Beschwerden beim Piriformissyndrom sind ein Schweregefühl und ein dumpfer Schmerz in der Gesäßmitte. Der Schmerz kann bis in das Bein strahlen. Bewegungseinschränkungen sind möglich. Häufig fühlt sich das Gesäß kalt an. Die Schmerzen verschlimmern sich an Regentagen (evt. auch dann, wenn der Betroffene hustet oder bei der Stuhlentleerung). Ischiasprogramm:
Übung Nr. 6, Seite 60 - 69.

„Wenn der Ischiasschmerz nicht eindeutig auf eine erkennbare Erkrankung oder auf einen Bandscheibenvorfall zurückzuführen ist, sollten zuerst einmal Dehnungsübungen versucht werden. Besonders bei einem diffusen, unklaren Diagnosebild könnte die Ursache für die Schmerzen in einem verkürzten und verdickten Muskel liegen, der auf den Ischiasnerv drückt."

Univ.-Prof. Dr. Friedrich Anderhuber
Vorstand des Grazer Universitätsinstituts für Anatomie
Erste Dokumentation im Forum Gesundheit 3/2003 von Dr. Sailer Regina

Die 7 Aigelsreiter
Das Wirbelsäulenprogramm

Bevor auf die verschiedenen Operationsmethoden näher eingegangen wird, muss an die Eigenverantwortung jedes Betroffenen appeliert werden, unter dem Motto:

> **„WAS DEIN SCHÖPFER DIR GEGEBEN, ERWIRB ES TÄGLICH, UM ES ZU BESITZEN!"**

Unsere Wirbelsäule ist im **Hals- Brust** und **Lendenbereich** nur gesund und schmerzfrei, wenn sie gut **stabilisiert**, **beweglich** und **gelenkig** ist und bleibt.

Es liegt bei jedem selbst, wie konsequent das 7 AIGELSREITER DKM - PROGRAMM (DEHNEN - KRÄFTIGEN MOBILISIEREN) umgesetzt wird, wobei unser richtungsweisender Leitspruch behilflich sein kann:

> **„MIT ÜBEN PROBIEREN KOMMT VOR DEM OPERIEREN!"**

Treten Schmerzen im Bereich der Wirbelsäule auf, muss man zunächst unterscheiden, ob diese lediglich durch eine Verspannung von Muskulatur und Bändern hervorgerufen werden oder aber Nerven in diesem Bereich an den Schmerzzuständen beteiligt sind. In den meisten Fällen handelt es sich um ein Schmerzgeschehen, das durch den zuerst genannten Mechanismus auftritt und in der Regel nach ein paar Tagen von selbst wieder vergeht. Wenn allerdings die aus der Wirbelsäule austretenden Nerven Auslöser der Beschwerden sind, muss in jedem Fall etwas unternommen werden.

Es ist zunächst wichtig, sich zu verdeutlichen, welche Ursachen eine Nervenreizung im Bereich der Wirbelsäule haben kann. Meist handelt es sich um eine Abnutzungserscheinung, die sich in drei unterschiedlichen Krankheitsbildern äußern kann:

- **Bandscheibenvorfall**
- **Spinalkanalstenose**
- **Wirbelgleiten**

Es soll nun in der Reihenfolge der auftretenden Häufigkeit erklärt werden, welche Ursachen es für diese Krankheiten gibt, wie sie sich äußern und durch welche speziell abgestimmten Übungen eine Besserung bis hin zur kompletten Beschwerdefreiheit erzielt werden kann.

Die 7 Aigelsreiter
Das Wirbelsäulenprogramm

Bandscheibenvorfall:

Die menschliche Wirbelsäule besteht aus 24 Wirbeln, die einerseits über Gelenke und andererseits durch Bandscheiben miteinander verbunden sind. Die Bandscheiben dienen in erster Linie als eine Art Stoßdämpfer, die abrupte Bewegungen abfangen sollen und die gesunde Beweglichkeit in der Wirbelsäule gewährleisten.

In ihrer natürlichen Form bestehen die Bandscheiben aus einem äußeren stabilen Faserring und einem inneren geleeartigen Kern (Gallertkern), welcher der Bandscheibe die nötige Elastizität verleiht. Durch Abnutzungserscheinungen, die zum Teil ein natürlicher Prozess des Älterwerdens sind, aber in erster Linie durch mangelnde oder falsche Bewegung auftreten, kann der äußere Faserring spröde werden und einreißen. Da nun die schützende Hülle für den Gallertkern durchbrochen ist, fällt dieser hervor und kommt direkt neben einem Nerven, der aus der Wirbelsäule austritt, zu liegen.

Der betroffene Nerv kann auf Grund der knöchernen Wirbelsäule nicht ausweichen und wird permanent durch den Kern der Bandscheibe bedrängt und gereizt, was in weiterer Folge zu unangenehmen Schmerzzuständen führt.

Da der eingeklemmte Nerv, je nach seiner Lage, wo er aus der Wirbelsäule austritt, unterschiedliche Körperteile versorgt, strahlen die Schmerzen in die jeweilige Körperregion aus. Liegt der Bandscheibenvorfall beispielsweise im Bereich der Lendenwirbelsäule, so klagt die betroffene Person über Schmerzen, die in die Beine ausstrahlen, da die Nerven der Lendenwirbelsäule die Beine versorgen. Bei der Halswirbelsäule verhält es sich ähnlich: in diesem Fall versorgen die Nerven nämlich die Arme und Hände und die Schmerzen eines Bandscheibenvorfalls der Halswirbelsäule äußern sich in Schmerzen, die in die Ober- und Unterarme bis zur Hand ausstrahlen können.

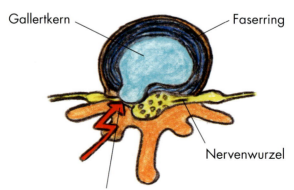

Bandscheibenvorfall mit Bedrängung und Reizung der Nervenwurzel

Die 7 Aigelsreiter
Das Wirbelsäulenprogramm

Ein Bandscheibenvorfall der Brustwirbelsäule ist generell sehr selten und soll der Vollständigkeit halber erwähnt werden: In diesem Fall würden Schmerzen im Bereich des Oberkörpers auftreten. Zusätzlich zu den Schmerzen können auch Veränderungen in der Gefühlswahrnehmung auftreten:

Die Person spürt entweder im betroffenen Gebiet weniger oder es kommt zu Kribbeln bzw. unangenehmem „Missempfinden".

Im medizinischen Fachjargon werden diese Zustände als Hypästhesie (weniger Gefühl im betroffenen Gebiet), Parästhesie (Kribbeln, „Ameisenlaufen") und Dysästhesie (unangenehme Missempfindung) bezeichnet.

Da die Nerven der Wirbelsäule neben der Haut, die für das gerade beschriebene Gefühlsvermögen zuständig ist, natürlich auch die Muskeln ansteuern, kann es in weiterer Folge auch zu Krafteinbußen bis hin zu Lähmungen kommen.

Eine beginnende Kraftminderung ist auf jeden Fall ein Warnzeichen! In diesem Fall sollte unverzüglich ein Spezialist (Neurochirurg/Orthopäde) aufgesucht werden, da man hier – sollte es sich um Krafteinbußen in wichtigen Muskelgruppen (z.B. Vorderseite des Oberschenkels, Wadenmuskulatur etc.) handeln – oftmals um eine Operation nicht herumkommt. Liegen hingegen „nur" Schmerzen und ev. Gefühlsstörungen vor, kann mit gezielten Übungen in über 80% der Fälle eine Besserung der Symptome bis zur völligen Schmerzfreiheit ohne die Notwendigkeit einer Operation erfolgen.

Bevor wir uns mit den auf die jeweiligen Beschwerden speziell angepassten Übungen beschäftigen, soll an dieser Stelle kurz der gängige Operationsablauf einer Bandscheibenoperation der

1. Lendenwirbelsäule
2. Halswirbelsäule

geschildert werden. Da erfahrungsgemäß in einer Spezialambulanz wenig Zeit für die genaue Schilderung von Operationsverfahren zur Verfügung steht, sollen folgende Erläuterungen als Information dienen und betroffenen Personen einen Überblick verschaffen, was überhaupt während der in der Regel ca. 1-2 Stündigen Dauer im OP vor sich geht:

Ad 1.
Das Ziel der Operation ist, den Kern der Bandscheibe, der die Nerven bedrängt, zu entfernen. Dafür muss der Patient in gebückter Haltung am Bauch gelagert werden, da durch die Aufhebung der natürlichen Krümmung der LWS (Lordose) am meisten Platz zwischen den Lendenwirbeln entsteht und der Chirurg gute Sicht hat. Es wird zunächst ein ca. 5 cm langer Schnitt auf der Höhe des Bandscheibenvorfalls gesetzt und die Muskulatur der Wirbelsäule zur Seite geschoben. Man sieht nun auf die knöcherne Wirbelsäule und die Bänder, die diese umgeben bzw. verbinden.

Die 7 Aigelsreiter
Das Wirbelsäulenprogramm

Nun kommt ein Operationsmikroskop zum Einsatz, damit mit kleineren Instrumenten operiert werden kann und weniger Trauma in diesem empfindlichen Gebiet entsteht. Das sog. „gelbe Band", das übereinander liegende Wirbelbögen miteinander verbindet und auf Grund seines hohen Fettgehalts eine gelbliche Farbe hat, wird im betroffenen Bereich weggezwickt. Nun hat der Chirurg freie Sicht auf den Duralsack (Dura = harte Hirn und Rückenmarkshaut).

In dieser Hülle (Duralsack) befindet sich das Rückenmark und weiter unten im Bereich der unteren LWS freie Nervenwurzeln. Der Chirurg versucht, den Duralsack mit einem dafür vorgesehenen Instrument, ohne ihn zu verletzen, auf die Seite zu halten und somit Sicht auf die kaputte Bandscheibe zu bekommen. In der Regel ist der Übeltäter schnell gefunden – sprich: man sieht den Bandscheibenkern, wie er aus der kaputten Bandscheibe austritt und eine Nervenwurzel, die aus dem Duralsack abgeht, bedrängt. Nun wird mit einer kleinen Fasszange der herausgefallene Kern der Bandscheibe entfernt und soweit „nachgeputzt", dass die Gefahr eines Rezidivs (also eines erneuten Herausfallens von Bandscheibengewebe) minimiert wird. Es wird nun sorgfältig der Verschluss der verschiedenen Gewebe vorgenommen: Muskulatur, Faszien und schließlich Haut. Zuletzt wird noch ein kleiner Schlauch im Operationsgebiet belassen der an einem Drainagebeutel hängt und eventuelle Nachblutungen auffangen kann.

ÜBUNGEN ALS THERAPIE
UND PROPHYLAXE:
Seite: 42-46, 60-69, 78-81, 82-87, 88-92, 93-98, 105-110, 121

Vor allem bei jungen Patienten, bei denen keine zusätzlichen Abnützungserscheinungen und dadurch bedingte Veränderungen der Wirbelsäule vorliegen, kann seit einigen Jahren eine endoskopische Operation zur Entfernung des Bandscheibenvorfalls angeboten werden.

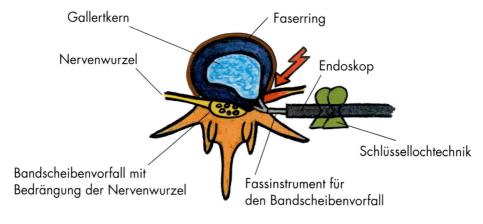

Die 7 Aigelsreiter
Das Wirbelsäulenprogramm

Hierbei wird an der Flanke der betroffenen Seite ein kleiner Hautschnitt gesetzt und ein Endoskop über das Zwischenwirbelloch eingeführt (Schlüssellochtechnik).

Das kaputte Bandscheibengewebe kann nun mit langen Fassinstrumenten aus dem Wirbelkanal entfernt werden. Vorteil der Methode ist, dass man einen bereits bestehenden Eintrittsweg in den Wirbelkanal (Zwischenwirbelloch) wählt und somit wichtige Strukturen wie die Rückenfaszie und Bänder sowie Knochen geschont werden. Die Zeit der Wundheilung und postoperative Schmerzen können so auf ein Minimum reduziert werden.

Ad 2.
Die Entfernung eines Bandscheibenvorfalls an der HWS gestaltet sich ein wenig komplizierter als im Bereich der LWS der Fall ist. Der Grund hierfür ist, dass sich auf der Höhe der LWS, wo die meisten Bandscheibenvorfälle auftreten, kein Rückenmark, sondern freie Nervenwurzeln in der Rückenmarkshülle befinden und die Verletzungsgefahr somit geringer ist. Im Wirbelkanal der HWS hingegen liegt das Rückenmark, sodass hier noch vorsichtiger vorgegangen werden muss, um eine Verletzung desselben und das mögliche Auftreten von Lähmungen zu vermeiden.

Eine Bandscheibenoperation der HWS erfolgt daher in der Regel nicht wie bei der LWS von hinten, wo das Rückenmark bzw. die Nervenwurzeln liegen, sondern von vorn. Es wird seitlich am Hals ein Schnitt gesetzt und die Halsmuskulatur, die wichtigen Gefäße und Nerven und die Luft- und Speiseröhre auf die Seite geschoben. Der Chirurg arbeitet sich nun Schicht für Schicht bis zur Wirbelsäule vor. Es erfolgt dann das Entfernen der gesamten Bandscheibe von vorn, ohne dabei eine Verletzung des Rückenmarks zu riskieren. An Stelle der Bandscheibe kann nun eine sog. Bandscheibenprothese eingesetzt werden, damit der Raum zwischen den zwei Wirbeln nicht verloren geht. Als Prothese eignen sich dabei entweder Knochenstücke, die aus dem Beckenkamm entnommen werden, in der Regel handelt es sich allerdings um künstlich hergestellte Platzhalter, die in unterschiedlicher Form erhältlich sind.

Die OP wird wiederum mit dem Verschluss der eröffneten Schichten beendet.

ÜBUNGEN ALS THERAPIE
UND PROPHYLAXE:
Seite: 47-50, 51-54, 115-117, 123-126

Die 7 Aigelsreiter
Das Wirbelsäulenprogramm

Spinalkanalstenose

Ein weiteres wichtiges Krankheitsbild, das zu nervenbedingten Schmerzzuständen im Bereich der Wirbelsäule führt, ist die sog. Spinalkanalstenose. Das Wort bedeutet übersetzt nichts anderes, als dass der Wirbelkanal (Spinalkanal) verengt (Stenose) ist, was dazu führt, dass die Nerven der WS permanent gereizt sind. Zu dieser Enge im Wirbelkanal kommt es einerseits durch Abnützungserscheinungen und andererseits wiederum durch mangelnde/falsche Bewegung. Die Verschleißerscheinungen führen dazu, dass sich u.a. die gelben Bänder – die, wie oben beschrieben, die Wirbelbögen miteinander verbinden – verdicken oder sich, vergleichbar mit der Arthrose in anderen Gelenken, an den kleinen Wirbelgelenken durch Fehlstellungen Knochen anbaut, der zusammen mit den verdickten Bändern den Wirbelkanal verkleinert und die Nerven bedrängt. Da die meiste Belastung auf die unteren Abschnitte der WS einwirkt, finden sich diese Abnützungen und folglich die Spinalkanalstenose am häufigsten in der LWS.

Die dabei auftretenden Beschwerden äußern sich durch in die Beine ausstrahlende Schmerzen und Gefühlsstörungen bis hin zu Lähmungen. Im Gegensatz zum Bandscheibenvorfall, bei dem die Schmerzen meist sehr genau geortet werden können, sind sie bei der Spinalkanalstenose meist nicht so gut lokalisierbar.

Ein typisches Phänomen ist weiters, dass die betroffene Person Schwierigkeiten hat, längere Strecken zu gehen, da durch die natürliche Krümmung (Lordose) der LWS beim Stehen und Gehen der Wirbelkanal kleiner wird und sich dadurch die Beschwerden verstärken. Bei Tätigkeiten, die mit einer Umkehrung der Lordose einhergehen (gebückte Haltung, Fahrradfahren, Treppensteigen etc.) wird folglich meist eine Besserung der Schmerzen beobachtet.

Bevor nun wieder die Übungen gezeigt werden, die im Speziellen bei Spinalkanalstenose hilfreich sind, soll zunächst der Operationsablauf in seinen groben Zügen geschildert werden:

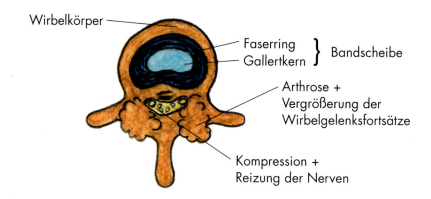

Die 7 Aigelsreiter
Das Wirbelsäulenprogramm

OP Spinalkanalstenose

Die Lagerung des Patienten erfolgt wie bei der Operation eines Bandscheibenvorfalles der LWS am Bauch und in gebückter Haltung. Es handelt sich ebenfalls um einen mikrochirurgischen Eingriff, d.h. es wird nach einem wieder ca. 5 cm langen Hautschnitt und nachdem die Muskulatur zur Seite geschoben wurde, ein Operationsmikroskop eingesetzt. Durch dieses hat der Chirurg nun wieder Sicht auf die gelben Bänder, die sich zwischen den Wirbelbögen befinden. Da diese Bänder bei der Spinalkanalstenose meist sehr verdickt sind, werden sie mit einer feinen Zange vorsichtig weggezwickt. Man hat nun freie Sicht auf den Duralsack, der in der Regel durch die Enge im Wirbelkanal zusammengedrückt ist.

Um zu erreichen, dass sich der Duralsack und die austretenden Nerven wieder frei ausdehnen können, wird nun das überflüssige Gewebe im Wirbelkanal entfernt. Das sind, wie besprochen, zum einen die verdickten Bänder, zum anderen kann es möglich sein, dass sich durch Fehlstellungen an den Wirbelgelenken Knochenvorsprünge gebildet haben, die ebenfalls weggestanzt bzw. mit einer Mikrofräse abgetragen werden. Dieser Vorgang wird so lange fortgesetzt, bis sich der Duralsack wieder schön ausbreiten kann – für den Chirurgen ist das meist eindrucksvoll sichtbar: der vorher zusammengepresste Duralsack liegt nun ganz entspannt im Wirbelkanal und die Nerven haben wieder ausreichend Platz.

Es erfolgt wie bereits bekannt der sorgfältige schichtweise Verschluss bis zur Hautnaht.
ÜBUNGEN ALS THERAPIE
UND PROPHYLAXE:
Seite: 42-46, 60-69, 78-81,
82-87, 88-92, 93-98, 105-110, 121

**Wirbelgleiten –
Spondylolisthese**

Das letzte zu besprechende Krankheitsbild, das zu nervenbedingten Schmerzzuständen im Bereich der WS führen kann, ist das sog. Wirbelgleiten, das in der medizinischen Fachsprache als Spondylolisthese (gr.: Spondylos = Wirbel, Olisthesis = Gleiten) bezeichnet wird. Es gibt zwei unterschiedliche Ursachen, die für ein Wirbelgleiten verantwortlich sein können: man unterscheidet das sog. „echte" vom „Pseudo"-Wirbelgleiten. Bei der echten Form handelt es sich um einen angeborenen Spalt in einem Wirbelbogen, so dass der vordere Teil des Wirbels im Vergleich zur darunterliegenden WS nach vorne wegkippt und somit die WS an der Stelle instabil ist. Diese angeborene Form tritt in der Regel bei jüngeren Patienten auf. Beim Pseudowirbelgleiten wird die Instabilität der WS durch Abnützungserscheinungen bedingt: der natürliche Verschleiß, falsche oder mangelnde Bewegung oder aber eine vorausgegangene Operation können den Zusammenhalt zwischen den Wirbeln lockern und es kommt dazu, dass in dem Bereich der oben liegende Wirbel im Vergleich zu den darunter liegenden nach vorn wegkippt.

Die 7 Aigelsreiter
Das Wirbelsäulenprogramm

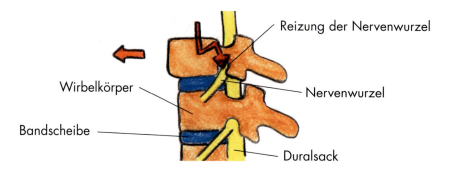

Wie die anderen Krankheitsbilder, die durch Abnützungen entstehen, sind auch hier u. a. ältere Personen betroffen. Durch die Instabilität der WS kommt es bei bestimmten Bewegungen zu Einklemmungen der aus der WS austretenden Nerven und somit zu Schmerzzuständen, Gefühlsstörungen bis hin zu Muskellähmungen. So wie bei der Spinalkanalstenose ist es für die Betroffenen oft nicht möglich, längere Strecken zu gehen, da durch die natürliche Lordose beim Stehen und Gehen der Wirbelkanal enger ist und das nach vorn Wegkippen des instabilen Wirbels begünstigt wird.

Wie bereits aus anderen Kapiteln bekannt, erfolgt an dieser Stelle die Schilderung des Operationsablaufs und danach der Verweis auf die wichtigen Übungen, die speziell bei Wirbelgleiten helfen sollen, die WS wieder zu stabilisieren und dauerhaft Schmerzfreiheit zu erreichen.

OP Wirbelgleiten:
Bei der Operation des Wirbelgleitens ist es notwendig, den Abschnitt der WS, der instabil ist, künstlich wieder zu stabilisieren. Da durch die Abnutzungen teilweise auch eine Spinalkanalstenose besteht, wird zunächst der Wirbelkanal so weit „ausgeputzt", dass der Duralsack wieder genug Platz hat und sich die Nerven genug ausdehenen können (Schritte der OP siehe OP Spinalkanalstenose).

Ist dies erledigt und liegt der Duralsack wieder entspannt da, muss danach das Wirbelgleiten selbst behoben werden. Dafür werden mittels kleiner Schrauben und Platten die zwei übereinander liegenden Wirbeln verbunden, die für die Instabilität verantwortlich sind. Auf diese Weise kann der obere Wirbel nicht mehr nach vorn wegkippen und es wird verhindert, dass bei bestimmten Bewegungen eine Einklemmung von Nerven zustande kommt.

ÜBUNGEN ALS THERAPIE UND PROPHYLAXE:
Seite: 60-69, 78-81, 82-87, 88-92, 93-98, 105-110, 121

Die 7 Aigelsreiter
FASZIENPROGRAMM

FASZIEN-PROGRAMM
Myofasziale Schmerzbehandlung

FASZIEN sind in verschiedenster Form in unserem ganzen Körper vorhanden. Unter anderem umhüllen und verbinden sie alle Muskelfasern, Muskelstränge und ganze Muskelgruppen miteinander und koordinieren Muskelkontraktionen mit motorischen Gelenksbewegungen.

Bei sogenannten muskulären DYSBALANCEN (Muskelverküzungen bzw. Muskelabschwächungen) hat man den FASZIEN bisher wenig Bedeutung zugemessen. Seit geraumer Zeit werden Faszien genaueren Studien unterzogen.

Bei unseren DKB-SEMINAREN mit MUSKELFUNKTIONSTEST konnten wir schon vor Jahrzehnten bei Personen mit extremen Muskelverkürzungen und Bewegungseinschränkungen im betroffenen Muskel- und Faszieng ewebe VERDREHUNGEN, VERKLEBUNGEN und schmerzhafte KNÖTCHENBILDUNGEN (TRIGGERPUNKTE) tasten.

Diese Fasziendistorsionen (Formveränderungen des Bindegewebes) können durch Selbsthilfe behoben und rückgängig gemacht werden. Durch gezielte Dehnungsprogramme und DRUCKPUNKTMASSAGEN ist es möglich, Beschwerdefreiheit und Muskelbalance wieder zu erreichen. DRUCKPUNKTMASSAGEN werden vorwiegend mit dem Daumen durchgeführt und sollen gefühlvoll im Längsverlauf des Muskels Richtung Ursprung ganz langsam erfolgen. Massageöl ist empfehlenswert.

Wenn bei Körperregionen Selbstbehandlung nicht erfolgen kann, ist fachkundige Fremdhilfe angezeigt.

Besonders anfällig für Gewebsstörungen sind die Extremitätenmuskeln (Wade, Vorder- und Rückseite der Oberschenkel, Vorder- und Rückseite der Oberarme, Innenseite der Unterarme sowie Hals- und Nackenmuskeln).

Die Faszienmassage wird mit der Daumenkuppe bei gestrecktem Daumengrundglied bzw. mit Fingern (siehe Fotos) unter gleichmäßigem Druck durchgeführt.

Es wird zunächst das schmerzhafte Triggerband an der oberen bzw. unteren Extremität aufgesucht und dieses, wie auf den Fotos dargestellt, vom Ansatz der Muskulatur (körperfern) bis zum Ursprung (körpernah) verfolgt.

Dabei ist auf einen mittelstarken bis starken Druck zu achten, um Verklebungen der Faszien effektiv zu lösen. Folgend einige Beispiele, wie die Faszienmassage in Selbst- bzw. Fremdtechnik an nahezu allen Regionen des Bewegungsapparates durchgeführt werden kann.

Die 7 Aigelsreiter
FASZIENPROGRAMM

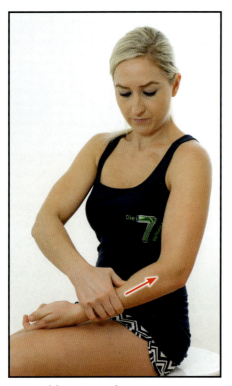

Unterarm Innenseite

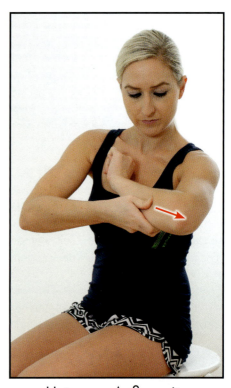

Unterarm Außenseite

Die 7 Aigelsreiter
FASZIENPROGRAMM

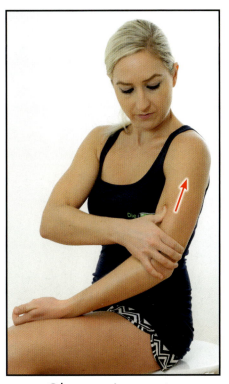

Oberarm Innenseite

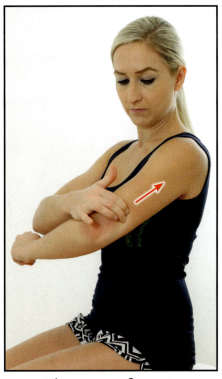

Oberarm Außenseite

Die 7 Aigelsreiter
FASZIENPROGRAMM

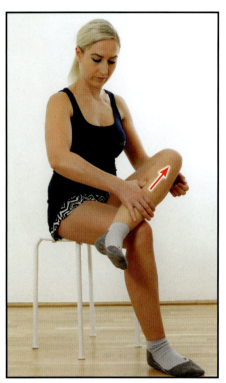

Unterschenkel innen

Unterschenkel außen

Die 7 Aigelsreiter
FASZIENPROGRAMM

Oberschenkel außen

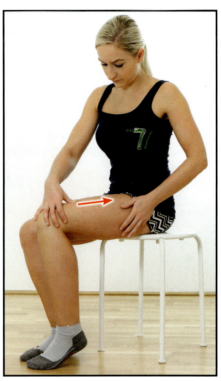

Oberschenkel vorne

Die 7 Aigelsreiter
FASZIENPROGRAMM

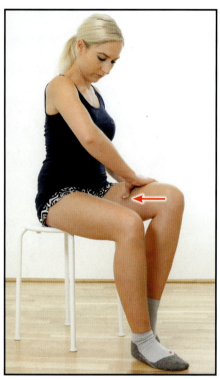

Oberschenkel innen

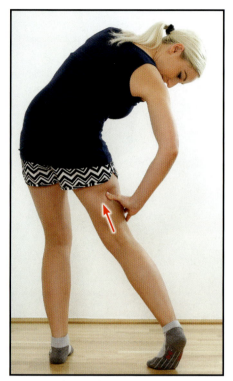

Oberschenkel hinten

Die 7 Aigelsreiter
FASZIENPROGRAMM

Fremdhilfe bei Rücken- Schulter- Nacken- und Halsregion

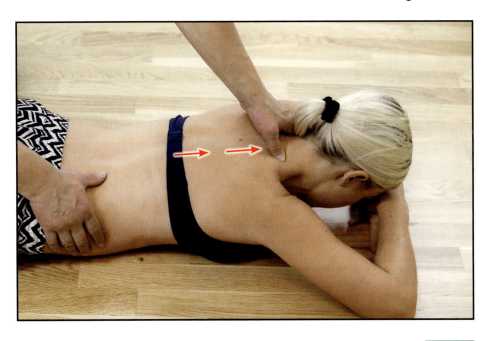

Die 7 Tipps für das Training

DEIN KÖRPER IST DEIN EIGENES TRAININGSGERÄT

1 Als TRAININGSUNTERLAGE benütze man Matten, Decken etc. aus Naturfasern (am besten Schurwolle), keine Plastik- oder Gummiunterlagen. Die Übungsfläche soll eben sein.

2 ÜBE NIE MIT VOLLEM MAGEN, bzw. unmittelbar nach Nahrungsaufnahme.

3 ÜBE NIE MIT EINENGENDEN KLEIDUNGSSTÜCKEN, besonders nicht um die Körpermitte (beachte die Bauchatmung).

4 ÜBE IN EINEM WOHLTEMPERIERTEN RAUM (mindestens 21 Grad).

5 BENÜTZE SPEZIELLE GYMNASTIKSOCKEN mit anatomischer Fußform, die nicht einengen (1. aus hygienischen Gründen, 2. sollen die Füße, besonders die Zehen, immer warm bleiben, um Verspannungen und Blockaden im Lendenbereich zu vermeiden).

6 ÜBE DEIN SPEZIALPROGRAMM IMMER ALLEIN, wenn möglich ohne Lärmbelästigung - nur so kannst du ein Körpergefühl entwickeln und dich auf deinen Körper und die dazugehörigen Atemübungen konzentrieren.

7 Gönne dir nach jeder Trainingseinheit CA. 7 MINUTEN ENTSPANNUNGSPAUSE in Rückenlage mit energetischer Zwerchfellatmung.

www.aigelsreiter.com

Die 7 D-Aigelsreiter (Dehnungen)

Dehnungsprogramm

Die 7 Dehnungsübungen sind speziell für die Muskeln des Beckengürtels zusammengestellt.
Die einzelnen Übungen bestehen wieder aus unterschiedlichen Positionen. Jede Übung beginnt mit einer genau beschriebenen Ausgangsstellung.

Die einzelnen Dehnungspositionen sind immer mit **7 Zwerchfellatmungen** durchzuführen (siehe Kapitel „Richtige Atmung" auf Seite 17-18).

Zu jeder Dehnungsübung gibt es den Hinweis, welche Hauptmuskelgruppen gedehnt werden.
Nach der letzten Dehnungsübung ist es sinnvoll, eine Entspannung in Rückenlage mit Zwerchfellatmung (ca. 7 Min.) durchzuführen.

Geben Sie nicht auf, wenn Ihnen die Dehnungsübungen am Beginn Schwierigkeiten bereiten -

ES IST NOCH KEIN MEISTER VOM HIMMEL GEFALLEN.

Haben Sie Ischiasschmerzen?

Auf den Seiten 63 und 68 finden Sie Übungen, durch die Sie gezielt die Schmerzen lindern oder sogar heilen können.

Die 7 D-Aigelsreiter (Dehnungen)

Dehnungsprogramm

Übersicht

1. Dehnung Seite
4 Positionen 42 - 46
- Hüftbeugemuskeln
- Vorderseite der Oberschenkel
- Adduktoren
- Innere Beckenmuskeln
- Rumpf- und Schultergürtelmuskeln

2. Dehnung Seite
3 Positionen 47 - 50
- Becken-Rumpfmuskeln
- Schultergürtelmuskeln
- Schienbeinmuskeln
- Vorderseite der Oberschenkel

3. Dehnung Seite
3 Positionen 51 - 54
- Becken-Rumpfmuskeln
- Schultergürtelmuskeln

4. Dehnung Seite
1 Position 55
- Adduktoren (Anzieher)
- Innere Beckenmuskeln
- Rumpfmuskeln

5. Dehnung Seite
4 Positionen 56 - 59
- Rumpf-Beckenmuskeln
- Rückseite der Oberschenkel
- Adduktoren (Anzieher)
- Schultergürtelmuskeln
- Innere Beckenmuskeln

Die 7 D-Aigelsreiter (Dehnungen)

Dehnungsprogramm

Übersicht

6. Dehnung Seite
4 Positionen 60 - 69
links
4 Positionen
rechts

- Rumpf-Beckenmuskeln
- Rückseite der Oberschenkel
- Außenseite der Oberschenkel
- Große Gesäßmuskeln
- Mittlere und kleine Gesäßmuskeln
- Schultergürtelmuskeln
- Innere Beckenmuskeln
- Musculus piriformis

7. Dehnung Seite
3 Positionen 70 - 73

- Rumpf-Beckenmuskeln
- Rückseite der Oberschenkel
- Schultergürtelmuskeln
- Wadenmuskeln

**Das Becken
als Zentrum des Wohlbefindens
und der Leistungssteigerung.**

Die 7 D-Aigelsreiter (Dehnungen)

1. Dehnung:

4 Positionen

- Hüftbeugemuskeln
- Vorderseite der Oberschenkel
- Adduktoren
- Innere Beckenmuskeln
- Rumpf- u. Schultergürtelmuskeln

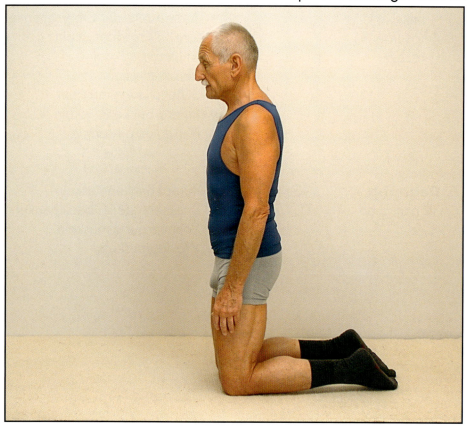

Ausgangsstellung: ➡ Kniestand

Die 7 D-Aigelsreiter (Dehnungen)

1. Dehnung:

1. Position:

7 Atemzüge lang
(ca. 1 Minute)

- Aus Kniestand großer Ausfallschritt rechts,
- rechter Unterschenkel ist senkrecht,
- Brust auf rechtem Oberschenkel,
- Hände berühren Boden.

Die 7 D-Aigelsreiter (Dehnungen)

1. Dehnung:

2. Position:

7 Atemzüge lang
(ca. 1 Minute)

➡ Beide gebeugte Unterarme beim rechten Innenknöchel auf Boden ablegen,
➡ wenn möglich, Stirn auf Unterarme.

Die 7 D-Aigelsreiter (Dehnungen)

1. Dehnung:

3. Position:

7 Atemzüge lang
(ca. 1 Minute)

⇒ Aus Kniestand
  großer Ausfallschritt links,
⇒ linker Unterschenkel ist senkrecht,
⇒ Brust auf linkem Oberschenkel,
⇒ Hände berühren Boden.

Die 7 D-Aigelsreiter (Dehnungen)

1. Dehnung:

4. Position:

7 Atemzüge lang
(ca. 1 Minute)

➡ Beide gebeugte Unterarme beim linken Innenknöchel auf Boden ablegen,
➡ Stirn auf Unterarme

Die 7 D-Aigelsreiter (Dehnungen)

2. Dehnung:

3 Positionen

- Becken-Rumpfmuskeln
- Schultergürtelmuskeln
- Schienbeinmuskeln
- Vorderseite der Oberschenkel

Ausgangsstellung: ⇒ Fersensitz

Die 7 D-Aigelsreiter (Dehnungen)

2. Dehnung:

1. Position:

7 Atemzüge lang
(ca. 1 Minute)

➡ Aus dem Fersensitz mit gestreckten Armen weit nach vorne greifen,
➡ Rumpfgewicht auf beiden Schultern.

Die 7 D-Aigelsreiter (Dehnungen)

2. Dehnung:

2. Position:

7 Atemzüge lang
(ca. 1 Minute)

➡ Wie Pos. 1
➡ Rumpfgewicht auf rechter Schulter.

Die 7 D-Aigelsreiter (Dehnungen)

2. Dehnung:

3. Position:

7 Atemzüge lang
(ca. 1 Minute)

➡ Wie Pos. 1
➡ Rumpfgewicht auf linker Schulter.

Die 7 D-Aigelsreiter (Dehnungen)

3. Dehnung:

○ Becken-Rumpfmuskeln
○ Schultergürtelmuskeln

3 Positionen

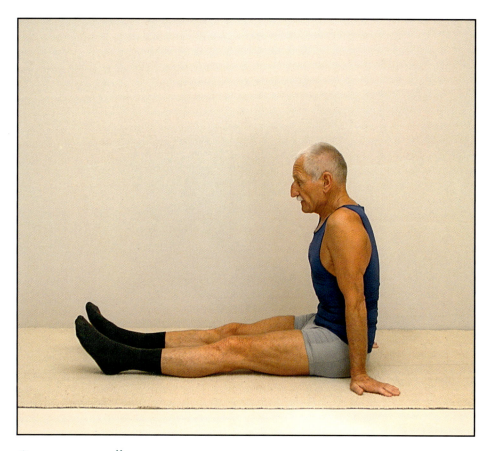

Ausgangsstellung: ➡ Langsitz

Die 7 D-Aigelsreiter (Dehnungen)

3. Dehnung:

1. Position:

7 Atemzüge lang
(ca. 1 Minute)

➡ Aus Langsitz Becken so weit wie möglich zu den Fersen vorschieben,
➡ Rumpfgewicht auf beiden Schultern

Die 7 D-Aigelsreiter (Dehnungen)

3. Dehnung:

2. Position:

7 Atemzüge lang
(ca. 1 Minute)

➡ Wie Pos. 1,
➡ jedoch Rumpfgewicht auf rechter Schulter

Die 7 D-Aigelsreiter (Dehnungen)

3. Dehnung:

3. Position:

7 Atemzüge lang
(ca. 1 Minute)

➡ wie Pos. 1,
➡ jedoch Rumpfgewicht auf linker Schulter

Die 7 D-Aigelsreiter (Dehnungen)

4. Dehnung:

1 Position

○ Adduktoren
○ Innere Beckenmuskeln
○ Rumpfmuskeln

Ausgangsstellung:

7 Atemzüge lang
(ca. 1 Minute)

➡ Grätschsitz
➡ Aus Grätschsitz beide Fersen zum Gesäß ziehen und mit
➡ Ellbogen beide Oberschenkel nach außen drücken.

Die 7 D-Aigelsreiter (Dehnungen)

5. Dehnung:

4 Positionen

○ Rumpf-Beckenmuskeln
○ Rückseite der Oberschenkel
○ Adduktoren
○ Schultergürtelmuskeln
○ Innere Beckenmuskeln

Ausgangsstellung:

1. Position:

7 Atemzüge lang
(ca. 1 Minute)

➡ Grätschsitz
➡ Im Grätschsitz beidseitigen Fersengriff rechts
➡ und Rumpf nach vor ziehen

Die 7 D-Aigelsreiter (Dehnungen)

5. Dehnung:

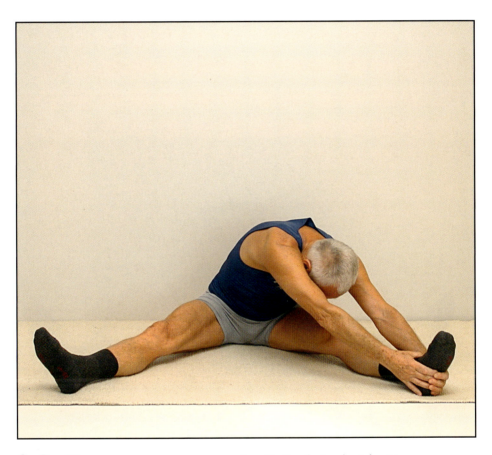

2. Position:

7 Atemzüge lang
(ca. 1 Minute)

⇒ Im Grätschsitz beidseitigen Fersengriff links
⇒ und Rumpf nach vor ziehen

Die 7 D-Aigelsreiter (Dehnungen)

5. Dehnung:

3. Position:

7 Atemzüge lang
(ca. 1 Minute)

➡ Im Grätschsitz gleichzeitigen Fersengriff links und rechts innen
➡ und Rumpf nach vor ziehen

Die 7 D-Aigelsreiter (Dehnungen)

5. Dehnung:

4. Position:

7 Atemzüge lang
(ca. 1 Minute)

➡ Im Grätschsitz mit verschränkten Armen zwischen gegrätschten
➡ Beinen den Boden berühren

Die 7 D-Aigelsreiter (Dehnungen)

6. Dehnung:

4 Positionen links
4 Positionen rechts

- Musculus piriformis
- Rumpf-Beckenmuskeln
- Rückseite der Oberschenkel
- Außenseite der Oberschenkel
- Große Gesäßmuskeln
- Mittlere u. kleine Gesäßmuskeln
- Schultergürtelmuskeln

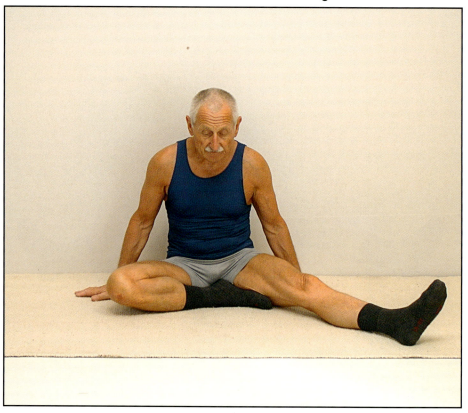

Ausgangsstellung:
➡ Halbschneidersitz
➡ linkes Bein gestreckt

Die 7 D-Aigelsreiter (Dehnungen)

6. Dehnung:

1. Position:

7 Atemzüge lang
(ca. 1 Minute)

➠ Mit linker Hand zur linken Innenferse greifen,
➠ rechte Hand drückt rechtes Knie nach unten.

Die 7 D-Aigelsreiter (Dehnungen)

6. Dehnung:

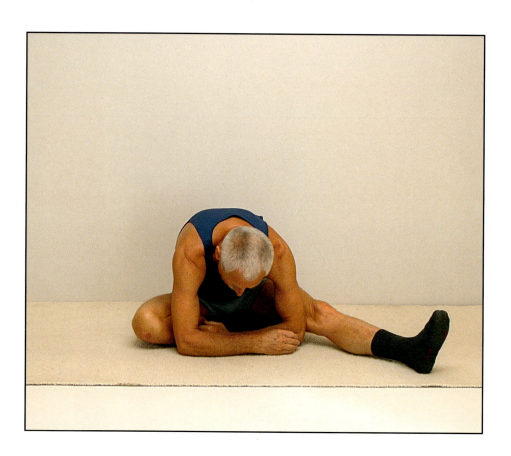

2. Position:

7 Atemzüge lang
(ca. 1 Minute)

➡ Rumpfvorbeuge,
➡ verschränkte Arme zwischen gegrätschten Beinen auf Boden legen.

Die 7 D-Aigelsreiter (Dehnungen)

6. Dehnung:

3. Position:
Übung für den Ischiasnerv

7 Atemzüge lang
(ca. 1 Minute)

⇒ Linkes Bein über gebeugtes rechtes Bein führen
⇒ linkes Knie mit beiden Armen zur Brust ziehen,
⇒ gleichzeitig linkes Gesäß nach unten drücken.

Die 7 D-Aigelsreiter (Dehnungen)

6. Dehnung:

4. Position:

7 Atemzüge lang
(ca. 1 Minute)

➡ Rumpf zum linken Fuß drehen
➡ und so weit beugen,
   bis Stirn den Boden berührt
   (Zehen küssen!)

Die 7 D-Aigelsreiter (Dehnungen)

6. Dehnung:

Neue Ausgangsstellung:
- Halbschneidersitz
- rechtes Bein gesteckt.

Die 7 D-Aigelsreiter (Dehnungen)

6. Dehnung:

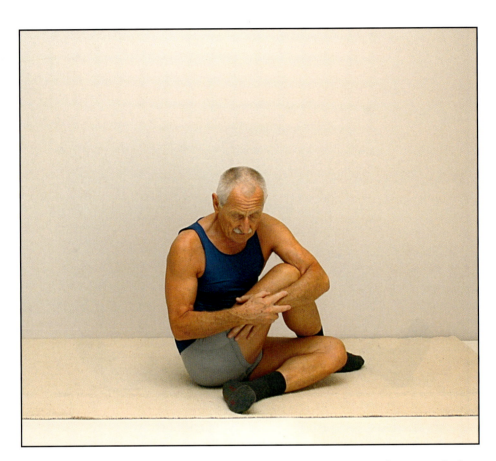

3. Position:

Übung für den Ischiasnerv

7 Atemzüge lang
(ca. 1 Minute)

➡ Rechtes Bein über gebeugtes linkes Bein führen
➡ rechtes Knie mit beiden Armen zur Brust ziehen,
➡ gleichzeitig rechtes Gesäß nach unten drücken.

Die 7 D-Aigelsreiter (Dehnungen)

6. Dehnung:

4. Position:

7 Atemzüge lang
(ca. 1 Minute)

⇒ Rumpf zum rechten Fuß drehen
⇒ und so weit beugen,
   bis Stirn den Boden berührt
   (Zehen küssen!)

Die 7 D-Aigelsreiter (Dehnungen)

7. Dehnung:

3 Positionen

○ Rumpf-Beckenmuskeln
○ Rückseite der Oberschenkel
○ Schultergürtelmuskeln
○ Wadenmuskeln

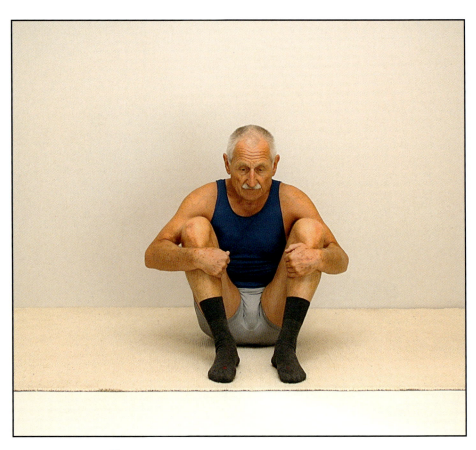

Ausgangsstellung: ⇒ Sitz mit angehockten Beinen

Die 7 D-Aigelsreiter (Dehnungen)

7. Dehnung:

1. Position:

➡ Linkes Bein mit Fersengriff innen strecken.

7 Atemzüge lang
(ca. 1 Minute)

Die 7 D-Aigelsreiter (Dehnungen)

7. Dehnung:

2. Position:

➡ rechtes Bein mit Fersengriff innen strecken.

7 Atemzüge lang
(ca. 1 Minute)

Die 7 D-Aigelsreiter (Dehnungen)

7. Dehnung:

3. Position:

7 Atemzüge lang
(ca. 1 Minute)

➡ beide Beine mit Fersengriff innen gleichzeitig strecken
➡ (Gleichgewichtsübung)

Die 7 D-Aigelsreiter (Dehnungen)

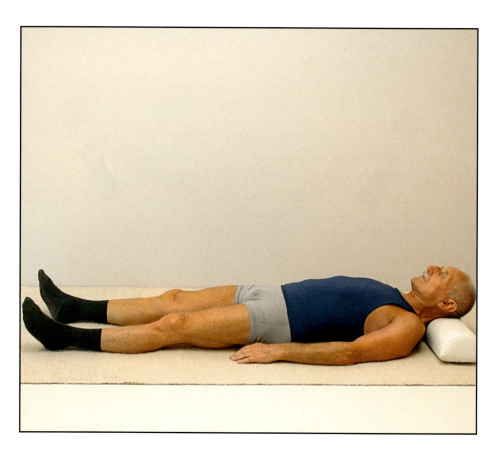

*7 Minuten
Entspannung in Rückenlage mit Zwerchfellatmung.*

Die 7 K-Aigelsreiter (Kräftigungen)

Kräftigungsprogramm

Die 7 Kräftigungsübungen sind speziell für die Muskeln des Beckengürtels zusammengestellt.

Die einzelnen Kräftigungen setzen sich aus unterschiedlichen Übungen zusammen.

Die Anzahl der Übungswiederholungen hängt vom jeweiligen Konditionszustand des Übenden ab - (entweder 7 - 14 oder 21 Wiederholungen).
Sollte der Trainingszustand schon sehr gut sein, können die Kräftigungsübungen Nr. 3, Nr. 4, Nr. 5 und Nr. 7 mit zusätzlicher Gewichtsbelastung in Form von Fußmanschetten trainiert werden.
Jede Übung beginnt mit einer genau beschriebenen Ausgangsstellung.

Die Atmung erfolgt natürlich und paßt sich dem Übungsrhythmus automatisch an.
Zu jeder Kräftigungsübung gibt es den Hinweis, welche Hauptmuskelgruppen jeweils gekräftigt werden.
Nach der letzten Kräftigungsübung erfolgt eine Entspannung in Rückenlage mit Zwerchfellatmung (ca. 7 Minuten).

Verzagen Sie nicht, wenn Ihnen die Übungswiederholungen am Beginn Schwierigkeiten bereiten - es wird von Mal zu Mal besser.

ÜBUNG MACHT DEN MEISTER!

Die 7 K-Aigelsreiter (Kräftigungen)

Kräftigungsprogramm

Übersicht

1. Kräftigung Seite • Gerade Bauchmuskeln
2 Übungen 78 - 81

2. Kräftigung Seite • Schräge Bauchmuskeln
4 Übungen 82 - 87 links und rechts

3. Kräftigung Seite • Großer Gesäßmuskel
4 Übungen 88 - 92 links und rechts
• Rückseite des Oberschenkels
links und rechts

4. Kräftigung Seite • Mittlere und kleine
4 Übungen 93 - 98 Gesäßmuskeln
(Abduktoren - Beinabspreizer)
links und rechts

5. Kräftigung Seite • Adduktoren (Beinanzieher)
4 Übungen 99 - 104 links und rechts

Die 7 K-Aigelsreiter (Kräftigungen)

Kräftigungsprogramm

Übersicht

6. Kräftigung Seite • Rückenstreckermuskeln
3 Übungen   105 - 110 • Breite Rückenmuskeln

7. Kräftigung Seite • Bauchmuskeln
2 Übungen   111 - 113 • Hüftbeugemuskeln
                          • Vorderseite der Oberschenkeln (Quadrizeps)

**DAS BECKEN
als Zentrum des Wohlbefindens
und der Leistungssteigerung.**

Die 7 K-Aigelsreiter (Kräftigungen)

1. Kräftigung: ○ Gerade Bauchmuskeln

2 Übungen

Ausgangsstellung:
- ➡ Rückenlage,
- ➡ Beine in Hüfte und Knie gebeugt und gekreuzt,
- ➡ Arme hinter dem Kopf

Die 7 K-Aigelsreiter (Kräftigungen)

1. Kräftigung:

1. Übung:
- ➡ Rumpfvorbeuge, bis die Ellbogen die Knie berühren.
- ➡ 7 - 14 - 21 mal

Die 7 K-Aigelsreiter (Kräftigungen)

1. Kräftigung:

Übung für Personen mit gut trainierten geraden Bauchmuskeln:

Neue Ausgangsstellung:
- Rückenlage,
- Beine angewinkelt,
- Arme hinter dem Kopf

Die 7 K-Aigelsreiter (Kräftigungen)

1. Kräftigung:

Übung für Personen mit gut trainierten geraden Bauchmuskeln:

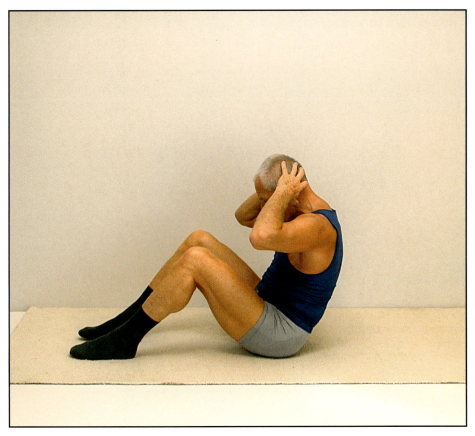

1. Übung:

➡ Aus Rückenlage mit angewinkelten Beinen den Rumpf langsam Wirbel für Wirbel von der Unterlage
➡ 7 - 14 - 21 mal abheben.
➡ Füße sollen immer Bodenkontakt behalten.

Die 7 K-Aigelsreiter (Kräftigungen)

2. Kräftigung:

○ Schräge Bauchmuskeln links und rechts

4 Übungen

Ausgangsstellung:
➡ Rückenlage,
➡ Beine in Hüfte und Knie gebeugt und gekreuzt,
➡ Arme hinter dem Kopf

Die 7 K-Aigelsreiter (Kräftigungen)

2. Kräftigung:

1. Übung:
- Rumpfvorbeuge,
- bis rechter Ellbogen linkes Knie berührt
- 7 - 14 - 21 mal.

Die 7 K-Aigelsreiter (Kräftigungen)

2. Kräftigung:

2. Übung:

⟹ Rumpfvorbeuge,
⟹ bis linker Ellbogen rechtes Knie berührt
⟹ 7 - 14 - 21 mal.

Die 7 K-Aigelsreiter (Kräftigungen)

2. Kräftigung:

Übung für Personen mit gut trainierten schrägen Bauchmuskeln:

Neue Ausgangsstellung:
- Rückenlage,
- Beine angewinkelt,
- Arme hinter dem Kopf

Die 7 K-Aigelsreiter (Kräftigungen)

2. Kräftigung:

Übung für Personen mit gut trainierten schrägen Bauchmuskeln:

1. Übung:

- ➡ Aus Rückenlage mit angewinkelten Beinen den Rumpf langsam Wirbel für Wirbel in Form einer Drehbeuge nach links von der Unterlage
- ➡ 7 - 14 - 21 mal abheben;
- ➡ Blick ist immer auf linken Außenknöchel gerichtet,
- ➡ Füße sollen Bodenkontakt behalten.

Die 7 K-Aigelsreiter (Kräftigungen)

2. Kräftigung:

Übung für Personen mit gut trainierten schrägen Bauchmuskeln:

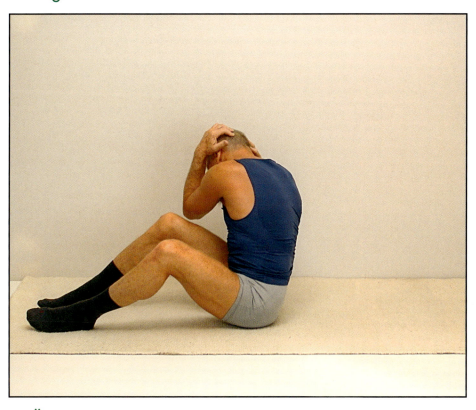

2. Übung:

- ➡ Aus Rückenlage mit angewinkelten Beinen den Rumpf langsam Wirbel für Wirbel in Form einer Drehbeuge nach rechts von der Unterlage
- ➡ 7 - 14 - 21 mal abheben;
- ➡ Blick ist immer auf rechten Außenknöchel gerichtet,
- ➡ Füße sollen Bodenkontakt behalten.

Die 7 K-Aigelsreiter (Kräftigungen)

3. Kräftigung:

4 Übungen

○ Großer Gesäßmuskel links und rechts
○ Rückseite des Oberschenkels links und rechts

Ausgangsstellung:
→ Bauchlage,
→ Beine im Knie gestreckt,
→ im Sprunggelenk gebeugt.

Die 7 K-Aigelsreiter (Kräftigungen)

3. Kräftigung:

1. Übung:
- ➡ Aus Bauchlage linkes Bein
- ➡ 7 - 14 - 21 mal heben und senken
- ➡ (Streckung im Hüftgelenk)

Die 7 K-Aigelsreiter (Kräftigungen)

3. Kräftigung:

2. Übung:
➭ Wie Übung 1 -
➭ diesmal mit Gewichtsbelastung

Die 7 K-Aigelsreiter (Kräftigungen)

3. Kräftigung:

3. Übung:
- Aus Bauchlage rechtes Bein
- 7 - 14 - 21 mal heben und senken
- (Streckung im Hüftgelenk).

Die 7 K-Aigelsreiter (Kräftigungen)

3. Kräftigung:

4. Übung:
- ➡ Wie Übung 3 -
- ➡ diesmal mit Gewichtsbelastung

Die 7 K-Aigelsreiter (Kräftigungen)

4. Kräftigung:

4 Übungen

○ Abduktoren
  (Beinabspreizer)
  links und rechts

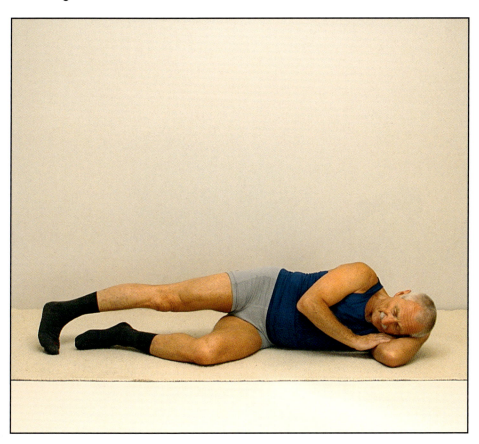

Ausgangsstellung:
➡ Seitlage,
➡ unteres Bein gebeugt,
➡ rechtes Bein im Knie gestreckt,
➡ im Sprunggelenk gebeugt,
➡ Fuß nach innen gedreht.

Die 7 K-Aigelsreiter (Kräftigungen)

4. Kräftigung:

1. Übung:
- 7 - 14 - 21 mal rechtes Bein abspreizen,
- Hüftgelenk muß gestreckt sein.

Die 7 K-Aigelsreiter (Kräftigungen)

4. Kräftigung:

2. Übung:
➡ wie Übung 1,
➡ diesmal mit Gewichtsbelastung.

Die 7 K-Aigelsreiter (Kräftigungen)

4. Kräftigung:

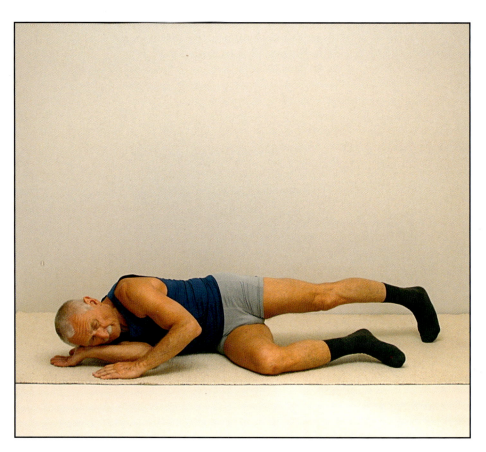

Neue Ausgangsstellung:
➟ Seitlage,
➟ unteres Bein gebeugt,
➟ linkes Bein im Knie gestreckt,
➟ im Sprunggelenk gebeugt,
➟ Fuß nach innen gedreht.

Die 7 K-Aigelsreiter (Kräftigungen)

4. Kräftigung:

1. Übung:
- 7 - 14 - 21 mal linkes Bein abspreizen.
- Hüftgelenk muß gestreckt sein.

Die 7 K-Aigelsreiter (Kräftigungen)

4. Kräftigung:

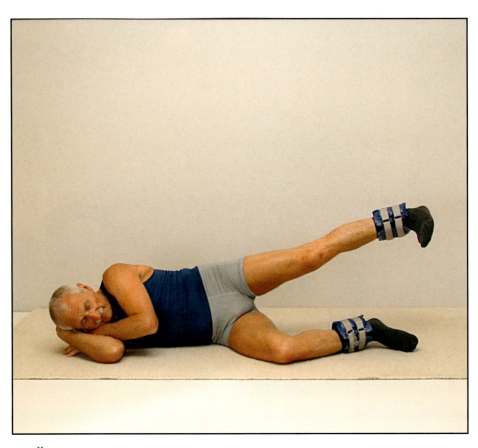

2. Übung:
➡ wie Übung 1,
➡ diesmal mit Gewichtsbelastung.

Die 7 K-Aigelsreiter (Kräftigungen)

5. Kräftigung:

○ Abduktoren (Beinanzieher) links und rechts

4 Übungen

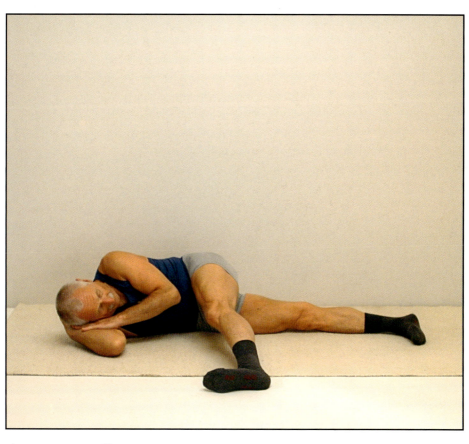

Ausgangsstellung:
➡ Seitlage,
➡ beide Beine im Knie gestreckt,
➡ im Sprunggelenk gebeugt,
➡ linkes Bein im Hüftgelenk im rechten Winkel gebeugt.

Die 7 K-Aigelsreiter (Kräftigungen)

5. Kräftigung:

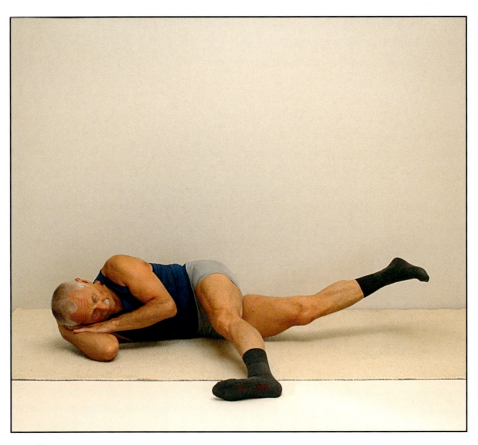

1. Übung: ➡ Rechtes Bein 7 - 14 - 21 mal heben und senken.

Die 7 K-Aigelsreiter (Kräftigungen)

5. Kräftigung:

2. Übung:
- ➡ wie Übung 1 -
- ➡ diesmal mit Gewichtsbelastung.

Die 7 K-Aigelsreiter (Kräftigungen)

5. Kräftigung:

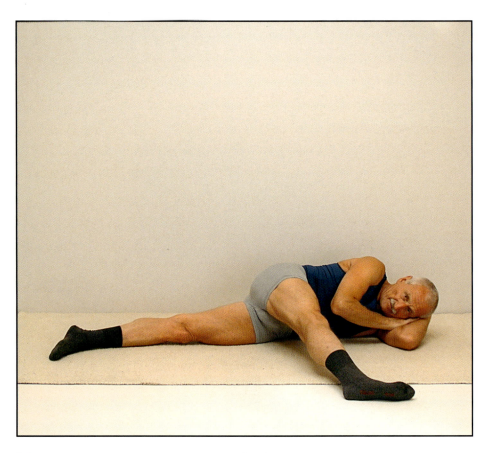

Neue Ausgangsstellung:
➡ Seitlage,
➡ beide Beine im Knie gestreckt,
➡ im Sprunggelenk gebeugt,
➡ rechtes Bein im Hüftgelenk im rechten Winkel gebeugt.

Die 7 K-Aigelsreiter (Kräftigungen)

5. Kräftigung:

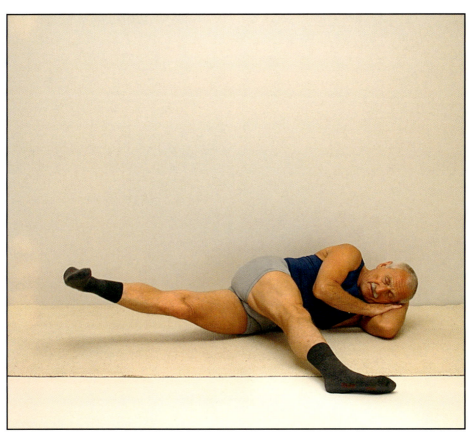

1. Übung: ➡ linkes Bein 7 - 14 - 21 mal heben und senken.

Die 7 K-Aigelsreiter (Kräftigungen)

5. Kräftigung:

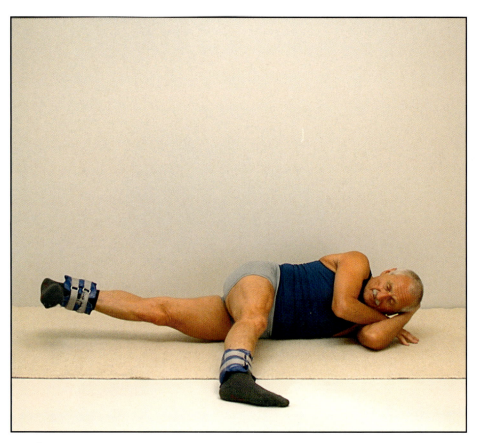

2. Übung:
➡ Wie Übung 1,
➡ diesmal mit Gewichtsbelastung.

Die 7 K-Aigelsreiter (Kräftigungen)

Kräftigung:
○ Rückenstreckermuskeln
○ Breiter Rückenmuskel

3 Übungen

Ausgangsstellung:
➡ Bauchlage,
➡ Arme nach hinten gestreckt,
➡ Beine im Knie gestreckt,
➡ im Sprunggelenk gebeugt.

Die 7 K-Aigelsreiter (Kräftigungen)

6. Kräftigung:

1. Übung:
- ➡ Aus Bauchlage mit nach hinten gestreckten Armen
- ➡ Rumpf von Unterlage
- ➡ 7 - 14 - 21 mal abheben.

Die 7 K-Aigelsreiter (Kräftigungen)

6. Kräftigung:

Neue Ausgangsstellung:
- Seitliche Bauchlage,
- rechte Schulter hat Bodenkontakt,
- Arme nach hinten gestreckt,
- Beine im Knie gestreckt,
- im Sprunggelenk gebeugt.

Die 7 K-Aigelsreiter (Kräftigungen)

6. Kräftigung:

1. Übung:

➡ Aus Ausgangsstellung mit nach hinten gestreckten Armen
➡ rechte Schulter von Unterlage
➡ 7 - 14 - 21 mal abheben.

Die 7 K-Aigelsreiter (Kräftigungen)

6. Kräftigung:

Neue Ausgangsstellung:

- ➡ Seitliche Bauchlage,
- ➡ linke Schulter hat Bodenkontakt,
- ➡ Arme nach hinten gestreckt,
- ➡ Beine im Knie gestreckt,
- ➡ im Sprunggelenk gebeugt.

Die 7 K-Aigelsreiter (Kräftigungen)

6. Kräftigung:

1. Übung:
- Aus Ausgangsstellung mit nach hinten gestreckten Armen
- linke Schulter von Unterlage
- 7 - 14 - 21 mal abheben.

Die 7 K-Aigelsreiter (Kräftigungen)

7. Kräftigung:

2 Übungen

- Bauchmuskeln
- Hüftbeugemuskeln
- Vorderseite der Oberschenkel

Ausgangsstellung:
➡ Schwebesitz,
➡ Beine im Knie gestreckt,
➡ im Sprunggelenk gebeugt.

Die 7 K-Aigelsreiter (Kräftigungen)

7. Kräftigung:

1. Übung:

➡ Aus Schwebesitz
➡ beide Beine rasch anhocken und strecken,
➡ 7 - 14 - 21 mal;
➡ Knie gebeugt bedeutet Sprunggelenk gestreckt.

Die 7 K-Aigelsreiter (Kräftigungen)

7. Kräftigung:

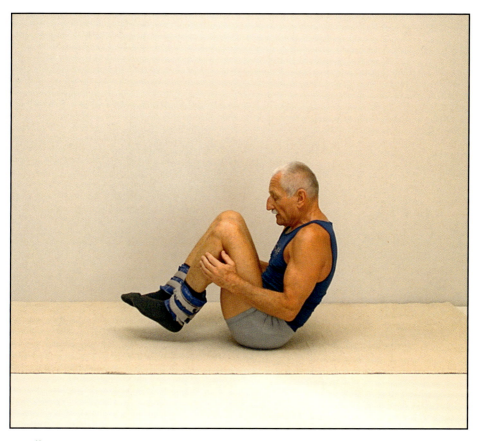

2. Übung:
➡ Wie Übung 1,
➡ diesmal mit Gewichtsbelastung

Die 7 K-Aigelsreiter (Kräftigungen)

7 Minuten
Entspannung in Rückenlage mit Zwerchfellatmung.

Die 7 Aigelsreiter Selbstmobilisation

Die Selbstmobilisation dient zur Behandlung von Bewegungseinschränkungen und Blockierungen in der Wirbelsäule. Dabei werden weder Muskelgruppen gedehnt noch gekräftigt. Sie ist eine sinnvolle Ergänzung zu den 7 AIGELSREITER und soll nach Bedarf exakt in 5 – 10 Wiederholungen ausgeführt werden.

OBERE HALSWIRBELSÄULE

Kopf nach links bis zum Anschlag drehen und kurz nicken.

Kopf nach rechts bis zum Anschlag drehen und kurz nicken.

Die 7 Aigelsreiter Selbstmobilisation

Kopf vorbeugen und locker hängen lassen,
mehrmaliges Drehen des Kopfes nach rechts und links.

UNTERE HALSWIRBELSÄULE

Kopf drehen, gleichzeitig gegenläufige Armdrehungen,
Blick immer zu der Hand, deren Daumen nach unten zeigt.

Die 7 Aigelsreiter Selbstmobilisation

Vor und Zurückschieben des Kopfes, wobei Augen einen Punkt in Kopfhöhe fixieren.

OBERE BRUSTWIRBELSÄULE

Im Stehen oder Sitzen, Hände im Nacken verschränkt, Rumpf langsam nach links drehen und dann kurz nach rechts seitneigen.

Die 7 Aigelsreiter Selbstmobilisation

Dieselbe Übung mit Drehung nach rechts und Seitneigung links.

Knie-Ellbogenstand, Wirbelsäule durchhängend in Lordose. Langsames mehrmaliges Vorwölben in Kyphose (Pferderücken, Katzenbuckel).

Die 7 Aigelsreiter Selbstmobilisation

UNTERE BRUSTWIRBELSÄULE

Hände im Nacken verschränken, Oberkörper nach rechts und links schieben, wobei Schultergürtel waagrecht bleibt.

Kniehandstand, abwechselnd Hohlkreuz, Rundrücken machen (Pferderücken, Katzenbuckel).

Die 7 Aigelsreiter Selbstmobilisation

OBERER BRUSTKORB

Linken Arm im Ellbogen gebeugt über den Kopf heben. Druck des linken Ellbogens nach links gegen fixierende rechte Hand bzw. gegen Wand. Dann wird in den linken Brustkorb zum Heben und Senken der Rippen mehrmals tief eingeatmet. (Seitenwechsel)

UNTERER BRUSTKORB

Wie oben, mit Fixierung am Handgelenk mehrmals in den linken Brustkorb zum Heben und Senken der Rippen tief ein- und ausatmen. (Seitenwechsel)

Die 7 Aigelsreiter Selbstmobilisation

OBERE LENDENWIRBELSÄULE

Seitlage, unteres Bein gestreckt, oberes gebeugt. Drehung des Oberkörpers und Kopfes zur Gegenseite. Gleichmäßiger Zug der Hand gegen das nach unten drückende Knie (10 Sekunden in mehreren Wiederholungen mit Seitenwechsel).

UNTERE LENDENWIRBELSÄULE

Übung wie oben, nur mit Druck der Hand gegen das nach oben drückende Knie (10 Sekunden in mehreren Wiederholungen mit Seitenwechsel).

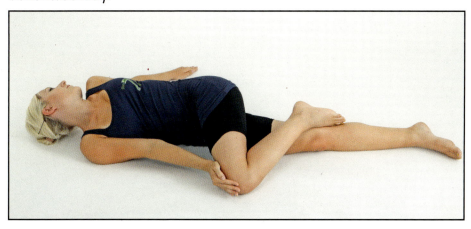

Die 7 Aigelsreiter Selbstmobilisation

HÜFTGELENKE

Bauchlage, Knie gebeugt. Durch Ein- und Ausdrehen der Oberschenkel im Hüftgelenk, Lockerung der Hüften.

Die 7 Aigelsreiter
Spezielle Kopf- und Nackenübungen

Wer kennt sie nicht, die unangenehmen Verspannungen im Nackenbereich, die uns oft gepaart mit zermürbenden Kopfschmerzen, die lezten Lebensgeister rauben.

Da auch in dieser Körperregion häufig Muskel Verursacher solcher Zustände sein können, ist prophylaktisches und therapeutisches Üben (Mobilisieren) in Form von Beuge-, Streck-, Dreh- und Kippbewegungen im Hals- bzw. Kopfbereich mit folgenden Übungen empfehlenswert.

Alle Bewegungen sollen sehr langsam bis zum sogenannten Endanschlag ausgeführt und in dieser Stellung ca. 7 - 10 Sekungen isometrisch in Dehnspannung gehalten werden. Bei Schwindelgefühl Übung abbrechen!

1. Drehen nach links

2. Drehen nach rechts

Die 7 Aigelsreiter
Spezielle Kopf- und Nackenübungen

3. Beugen (Kinn auf Brust)

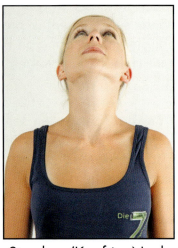

4. Strecken (Kopf im Nacken)

5. Kippen nach links

6. Kippen nach rehts

Die 7 Aigelsreiter
Spezielle Kopf- und Nackenübungen

KOMBINIERTE ÜBUNGEN:

a.) Beugen und Drehen
b.) Stecken und Drehen
c.) Beugen und Kippen
d.) Strecken und Kippen

7a. Beugen und Drehen nach links, Kinn bleibt auf Brust

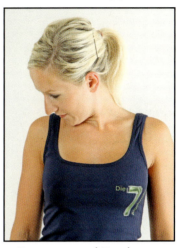

8a. Beugen und Drehen nach rechts, Kinn bleibt auf Brust

9b. Strecken und Drehen nach links, Kopf bleibt im Nacken

10b. Strecken und Drehen nach rechts, Kopf bleibt im Nacken

Die 7 Aigelsreiter
Spezielle Kopf- und Nackenübungen

11c. Beugen und Kippen nach links, Kinn bleibt auf Brust

12c. Beugen und Kippen nach rechts, Kinn bleibt auf Brust

13d. Strecken und Kippen nach links, Kopf bleibt im Nacken

14d. Strecken und Kippen nach rechts, Kopf bleibt im Nacken

Die 7 Säulen des Wohlbefindens
Der Schlüssel für Gesundheit und Erfolg

Beruf, Sport und Freizeit werden zusehends von der Hektik und den z. T. unnatürlichen Lebensbedingungen unserer Zeit beeinflusst. Das individuelle Wohlbefinden leidet darunter sehr. Nur wer sich rundum wohlfühlt, kann im Beruf und Sport leistungsstark sein.

7 SÄULEN DES WOHLBEFINDENS NACH AIGELSREITER

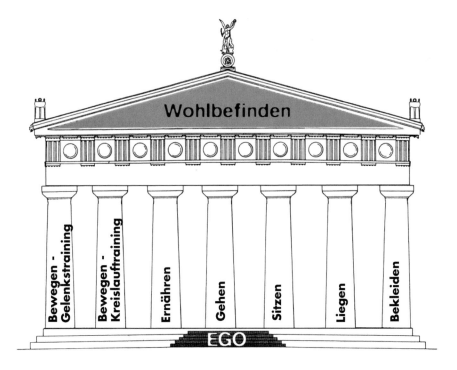

Der Tempel des Wohlbefindens hat wie vieles auf dieser Welt, auch mit der Zahl 7 zu tun. Er steht auf 7 SÄULEN, die vom EGO jederzeit beliebig beeinflußbar sind und bei vernünftiger praktischer Umsetzung einen entscheidenden Beitrag für das Wohlbefinden liefern können. Über jede einzelne Säule ließen sich umfassende wissenschaftliche Werke und Abhandlungen schreiben. Unser Anliegen ist es nicht, mit erhobenem Zeigefinger zu belehren, sondern Möglichkeiten aufzuzeigen, die ohne viel Aufwand realisierbar sind.

I. Säule

BEWEGEN - GELENKSTRAINING

Unsere Skelettmuskulatur hat die Hauptaufgabe, Bewegungen in den Gelenken auszuführen. Die Gelenksbewegungen werden vom Gehirn in Form von sog. BEWEGUNGSMUSTERN gesteuert. Sowohl im Sport als auch im Beruf kann es aufgrund von intensiver Bewegung zu Überlastungen, Verkrampfungen bzw. Verkürzungen von Muskelgruppen kommen. Andererseits führt mangelnde Bewegung zur Ausschaltung von Muskeln aus einem natürlichen Bewegungsmuster und damit zu deren Abschwächung. Außerdem kommt es durch Fehlbelastung zu Bewegungseinschränkungen mit Blockierungen der betroffenen Bewegungssegmente. Dauernde muskuläre Fehlsteuerungen und einseitige Überbeanspruchung von Muskeln, Sehnen, Bändern, Knochen und Gelenken sind die Folge.

Am Bewegungsapparat gibt es Muskeln, die aufgrund ihrer Funktion und Struktur tonische Eigenschaften aufweisen. Diese haben vor allem die Tendenz, sich bei ständig einseitiger Belastung zu verkürzen. Andere Muskeln zeigen ein überwiegend phasisches Verhalten und neigen zur Abschwächung. In beiden Fällen kommt es zu Fehlstellungen und zu muskulären Ungleichgewichten, zu sog. MUSKULÄREN DYSBALANCEN mit Stellungsänderungen im Gelenk, was schließlich zur vorzeitigen Abnützung und schmerzhafter Bewegungsbeeinträchtigung führt.

Aufgrund seines Körperbaues befindet sich der Mensch mit seiner aufrechten Haltung im labilen Gleichgewicht, wobei der Oberkörper ständig über den Drehpunkten der beiden Hüftgelenke ausbalanciert werden muss. Dabei spielt die gelenksstabilisierende Beckenmuskulatur eine entscheidende Rolle (siehe „Die 7 Aigelsreiter", Seite 14 - 16).

Damit sich sogenannte Haltungsschwächen nicht im Laufe der Zeit zu irreparablen Haltungsschäden umwandeln können, braucht die Muskulatur für ihre optimale Funktion die Dehnung, die Kräftigung und die Bewegung als zentral gesteuertes Muskelspiel:

a) **Dehnung (D)** von verkürzten Muskelgruppen
b) **Kräftigung (K)** von abgeschwächten Muskelgruppen
c) **Bewegung (B)** in natürlichen Bewegungsmustern

Dehnungsübungen sollen prinzipiell bei jedem Training vor den Kraftübungen durchgeführt werden. Die praktische Umsetzung und Anwendung des sog. Gelenkstrainings in Form von gezielten Dehnungs- und Kräftigungsübungen wird im Kapitel „DIE 7 AIGELSREITER" auf den Seiten 39 bis 114 mit Bewegungsphotos und Übungsbeschreibungen übersichtlich dargestellt.

VIEL SPASS UND ERFOLG BEIM TÄGLICHEN TRAINING IHRER MUSKELN, SEHNEN, BÄNDER UND GELENKE!

II. Säule

BEWEGEN - KREISLAUFTRAINING (HERZ, LUNGE)

Kreislauftraining ist mit allen zyklischen Ausdauersportarten möglich. Wollte man diese in einer Prioritätenliste erfassen, dann steht die dem Menschen ureigenste angeborene Fortbewegungsart, nämlich GEHEN und LAUFEN, unangefochten an der Spitze. Erst dann folgen alle Ausdauertätigkeiten, bei denen Geräte benützt werden, wie SCHILANGLAUFSPORT, EISLAUFSPORT, INLINESPORT, RUDERSPORT, RADSPORT; SCHWIMMEN nimmt eine Sonderstellung ein, da der Mensch als Landlebewesen erst mit dem Element Wasser vertraut werden muß.

Egal welche Sportart man als Hobby- oder Leistungssportler betreibt, eine gut entwickelte Grundlagenausdauer ist für alle Sporttätigkeiten eine unumgängliche Voraussetzung. Ja, selbst unsportlichen Menschen sei empfohlen, ihr Kreislaufsystem durch regelmäßiges GEHEN und wenn möglich durch LANGSAMLAUF intakt zu halten, oder wieder in Schwung zu bringen, um nicht eines Tages vom Herzinfarkt überrascht zu werden.

Als leidenschaftlicher Ausdauerläufer und Schilangläufer bin ich überzeugt, dass man seinen Organismus neben dem täglichen Beweglichkeitstraining (7 Aigelsreiter) nur dann in Ordnung halten kann, wenn man wöchentlich ganzjährig sein persönlich abgestimmtes Ausdauerlauftraining absolviert.

In vielen Sportarten kommt besonders der Geh- und Laufbewegung eine eminente Bedeutung zu. Es handelt sich bei der Grundform des Gehens um ein ständiges Wechselspiel (Gleichgewichtsspiel) zwischen Beinen, Becken, Wirbelsäule, Schultergürtel und Armen.

GEHEN und LAUFEN sind Bewegungen, an denen unser ganzer Körper beteiligt ist. So wird beim Vorschwingen des Spielbeines die Wirbelsäule ausgleichend in entgegengesetzter Richtung gedreht (z.B. gleichzeitiges Vorschwingen von rechtem Bein und linkem Arm). Diese äußerlich oft kaum merkbare, ausgleichende Gegendrehung sowie komplizierte Wellenbewegungen der Wirbelsäule und mannigfache Bewegungen des Beckens geschehen unbewusst als Folge statischer Gesetze und machen das Gehen zur Gesamtbewegung. Die Übertragung des Körpergewichtes vom Standbein auf das Spielbein erfolgt ökonomisch so, dass zuerst der Fersenaußenrand den Boden berührt, worauf in Form einer dämpfenden Abschlagbewegung das Gleichgewicht auf die Großzehe verlagert wird (der Fuß verdreht sich um seine Längsachse).

Ist diese Abschlagbewegungskoordination gestört, entstehen Überlastungssyndrome und Haltungsfehler wie Knick-, Senk- oder Spreizfüße. Diese sehr vereinfachte Darstellung der Geh- und Laufbewegung, die in Wirklichkeit ein höchst kompliziertes ganzkörperliches Zusammenspiel darstellt, lässt erkennen, dass es sich um

II. Säule

eine Gesamtbewegung handelt, die den unterschiedlichsten Anforderungen situationsgerecht angepasst wird.

Wenn im AUSDAUERSPORT durch Benützung von Geräten dieses natürliche Zusammenspiel zwischen unterer Extremität und Rumpf (Wirbelsäule) nicht mehr in vollem Umfang koordiniert abläuft (wie beim Radfahren), ist der gesundheitliche Nutzen fragwürdig.
Bei der FAHRRADBEWEGUNG werden durch die statische Sitz- und besonders der Lenkerhaltung die harmonischen VERWRINGUNGSBEWEGUNGEN der Wirbelsäule (Rumpf dreht zum stärker beugenden Bein) unterbunden und unser natürliches Bewegungsmuster des Gehens bzw. Laufens negativ belastet.
Entscheidend ist jedoch die Dosierung; gelegentlich kurzzeitiges Radfahren wird uns kaum schaden. Bei allen anderen Ausdauersporttätigkeiten wie Schilanglauf, Eislauf, Rollschuhlauf bleiben die erwähnten Bewegungsmuster in ihrer Funktion erhalten.

Die positiven Auswirkungen auf den Gesamtorganismus sind beim AUSDAUERLAUF bzw. SKILANGLAUF am größten. Sie bewirken eine Zunahme der Kapillarisierung der Muskulatur, eine Vermehrung der Gesamtzahl der roten Blutkörperchen und eine Erhöhung des Blutvolumens. Am Herz-Kreislauf-System kommt es zu einer Vergrößerung der Herzhöhlen und zur Verdickung des Herzmuskels und als Folge zur Erhöhung des Herzschlagvolumens, des Herzminutenvolumens und des Sauerstoffpulses, ferner zur Steigerung der maximalen Sauerstoffaufnahmefähigkeit sowie zur Abnahme der Ruheherzfrequenz und Erniedrigung des Ruheblutdrucks. Durch Zunahme der roten Blutkörperchen verbessert sich die Sauerstofftransportkapazität. Ähnlich wie das Herz-Kreislauf-System werden die Organe des Atemapparates und das Nervensystem durch Hypertrophierung der Atemmuskulatur und durch Zunahme der Vitalkapazität sowie durch Verstärkung des Parasympathikus positiv beeinflußt.

Wie aus diesen exemplarisch schlagwortartigen Aufzählungen der Anpassungsreaktionen an verschiedene Organsysteme entnommen werden kann, ist „AUSDAUERLAUFTRAINING" nicht nur ein essentieller Bestandteil jedes Leistungs- und Spitzensportlers, sondern auch ein wichtiger gesundheitserhaltender Faktor für Jedermann.

Es ist problematisch, den vielen LAUFGURUS blind zu vertrauen, die mit aller Gewalt Laufen zur Wissenschaft machen wollen, und durch zweifelhafte Laufanweisungen, wie z. B. Vorfußlauf, dem unwissenden Laufanfänger mehr schaden als nützen. Würde Laufen eine Wissenschaft sein, dann wären schon die Neandertaler bedeutende Wissenschaftler gewesen, denn sie konnten eigentlich nur durch Laufen überleben.

II. Säule

Sehr fragwürdig sind auch die zahllosen VITALDRINKS und LAUFELIXIERE, die von geschäftemachenden Laufgurus wahllos und unkontrolliert angeboten und den Laien eingeredet werden, da sie angeblich die nötigen Spurenelemente enthalten, die Läufer brauchen.

Da man als AUSRÜSTUNG zum Laufen nur Laufschuhe, die um 1 - 11/2 Nummern größer sein sollten als der Fuß, und wenn möglich ein Laufgewand aus Naturfasern (siehe Seite 138 - 139) benötigt, kann Laufen ohne wesentlichen Aufwand überall und jederzeit problemlos durchgeführt werden (wenn möglich, sollte nicht auf Asphalt gelaufen werden).

LAUFEN IST DURCH NICHTS ZU ERSETZEN!

III. Säule

ERNÄHREN

Es gibt kaum ein Thema, über das in jüngster Zeit so viel geschrieben wurde, wie über die Ernährung. Eine Unzahl von Ernährungsfachbüchern überschwemmt den Buchhandel, in zahlreichen Zeitschriften und Journalen kann man täglich in den Klatschspalten die widersprüchlichsten Ratschläge und Belehrungen über schlankheits- und fitnessbewußte Ernährung lesen. So wird z. B. aus ethischen und religiösen Gründen empfohlen, kein Fleisch zu essen, die säurebildenden Lebensmittel zu vermeiden, auf Brot- und Getreideprodukte zu verzichten, da sie Gärprozesse erzeugen, keine Milch bzw. Milchprodukte von der Kuh zu genießen, da sie nicht verdaut werden können und den Körper verschleimen, gekochte, gebratene und gebackene Speisen schaden angeblich der Gesundheit und haben aufgrund der Erhitzung über eine bestimmte Temperaturstufe keine Wirkstoffe mehr in sich, usw, usw…

Durch solche und ähnliche Ratschläge weiß man als verunsicherter Konsument kaum noch, was man überhaupt essen darf. Dazu kommen die gesundheitsbewußten Mahnrufer gegen „DESIGNER FOOD". Sie bezichtigen diese Nahrungsmittelhersteller als gewissenlose Gewinnsuchtproduzenten, die in ihrem GESCHMACKSLABOR für bestimmte Artikel (wie z. B. für künstliche Chips u.a.m.) gaumenschmeichelnde Substanzen entwickeln, wenn nötig chemische Verdickungsmittel, Stabilisatoren, bzw. Geschmacksverstärker hinzufügen. In diesen Kunstprodukten aus dem Supermarktregal finden sich kaum noch Vitamine, Mineralstoffe oder gar sekundäre Pflanzenstoffe. Sie behaupten, dass vieles, was mit einer kolossalen Marketing-Maschinerie im Fernsehen und in den Medien beworben wird, nichts als synthetisch hergestellter NAHRUNGSMÜLL ist. Die FERTIGNAHRUNGSMITTEL stehen bei den FAST-FOOD-FANS, die aufgrund von zu viel Streß keine Zeit zum Kochen haben, hoch im Kurs.

Allerdings kann auf Dauer Gulasch aus der Dose, Lasagne und Pizza aus der Tiefkühltruhe, vorgeriebener Trockenkäse aus dem Plastiksackerl, Schweinsbraten für die Mikrowelle, Packerlsuppe, fette Dauerwurst, verzuckerte Frühstücksflocken, Haltbarmilch u.v.a.m. keine Alternative zu einer ausgewogenen HAUSMANNSKOST mit frischen Vitalstoffen sein. Bedenklich ist, dass die meisten industriell verarbeiteten Nahrungsmittel nicht nur durch chemische oder physikalische Manipulation verändert werden, sondern dass diesen darüber hinaus noch Farbstoffe, Verdickungsmittel, Stabilisatoren, Geschmacksverstärker und weitere Substanzen beigefügt werden, deren Auswirkungen auf den menschlichen Organismus noch nicht bekannt sind. Die Frage, ob wir GENTECHNIK wirklich nötig haben, kann erst beantwortet werden, wenn die sog. Vorteile gegenüber massiven Nachteilen für den Menschen bewiesen sind.

ESSEN hat nicht nur mit Hunger zu tun, wie die verschiedenen ESSTYPEN

III. Säule

beweisen: Fernseh-Esser, Streß-Esser, Langweiligkeits-Esser, Kummer- und Frust-Esser, Gesellschafts-Esser, Traditions-Esser, Vitamin-Verweigerer, Konditorei-Fans, Fast-Food-Esser usw.
ESSSTÖRUNGEN in Form von Magersucht und Fettsucht sind ebenfalls Ausdruck unserer hektischen, schnelllebigen Zeit. Es wird immer schwieriger, aus dem unvorstellbar großen Angebot an unterschiedlichsten Lebensmitteln für sich selbst die richtige Wahl zu treffen. Die selbstdiplomierten Ernährungs- und Lebensberater sowie Fitnesstrainer jeder Art und die Beratungsstellen für Eßgestörte erleben nie geahnte Hochkonjunktur. Um überleben zu können, müssen die Menschen heute nicht mehr achten, möglichst viel zu essen, sondern die richtige Auswahl zu treffen. Hierfür gibt es kaum genormte Vorschriften, vielmehr soll jeder für sich selbstkritisch durch Experimentieren herausfinden, was ihm schadet oder gut tut. Wie vieles ist auch die NAHRUNGSAUFNAHME ein individueller Lernprozess, den jeder für sich durchlaufen muß, um schließlich auch über diese Säule sein Wohlbefinden zu erlangen.

Die sog. ERNÄHRUNGSWISSENSCHAFT ist nicht wirklich exakt im Sinne von richtig oder falsch, sondern sie stellt ein engbegrenztes Stückwerk dar und gibt nicht die Sicherheit, die man sich vorstellt. Letztendlich findet jeder die Sicherheit nur in sich selbst, indem er lernt, den Blick nach innen zu richten. Da es nie zu spät ist, sollte man bei der NAHRUNGSAUSWAHL wählerischer sein, weniger, aber Hochwertigeres genießen.

Bei all den Überlegungen, ob gesund oder ungesund, wird ein entscheidender Bereich leider vollkommen links liegen gelassen. Nicht so sehr die übermäßige Nahrungsaufnahme trägt Schuld an den unerwünschten erweiterten Körpermaßen und den verengten, verstopften Blutgefäßen, sondern die völlig unzureichende BEWEGUNG, deshalb: KÖRPER PFLEGEN DURCH BEWEGEN - und NICHT KÖRPER SCHONEN DURCH SITZEN, LIEGEN, WOHNEN.

Zur FLÜSSIGKEITSAUFNAHME soll die Tatsache nicht unerwähnt bleiben, dass der Mensch zu ca. 70% aus Wasser besteht und dem Organismus deshalb reines Wasser (man spricht von 2 - 3 Liter täglich) zugeführt werden soll.

Weniger günstig erweisen sich alle chemisch erzeugten Getränke, die durch Zufügung von Farbstoffen und Geschmackspartikeln das Auge und den Gaumen erfreuen, den Verdauungstrakt jedoch erheblich belasten. Ebenso ist Kohlensäure in den Getränken dem Körper nicht zuträglich. Zum PROBLEM ALKOHOL halte ich es mit meinem Leitspruch:

> **„ALKOHOL TUT NICHT JEDEM WOHL,
> DOCH DIE IHN VERTRAGEN,
> DIE KANNST DU ALLE FRAGEN,
> TRINKEN IHN MIT BEHAGEN!"**

IM GOLDENEN MITTELMASS LIEGT SOWOHL BEI DER NAHRUNGSAUFNAHME ALS AUCH BEI DER FLÜSSIGKEITSAUFNAHME DIE WAHRHEIT.

IV. Säule

GEHEN

Beim GEHEN kommt es nicht darauf an, wie man geht, sondern in erster Linie, womit man geht. Es hat jeder Mensch aufgrund seiner unterschiedlichen anatomischen Voraussetzungen seinen individuellen Gang, obwohl es, wie halt überall in der Geschäftemacherei, Wissenschaftler gibt, die den Menschen mittels Ganganalysen glaubhaft machen wollen, dass sie falsch gehen, um ihnen ihre zweifelhaften „GEHPROGRAMME" zu verkaufen. Es gibt kein richtiges oder falsches, sondern nur ein INDIVIDUELLES GEHEN.

Die beste Gangart wäre „BARFUSS". Da dies in unseren Klimaten nicht immer möglich ist, müssen wir unser Augenmerk auf die FUSSBEKLEIDUNG, auf die SCHUHE richten. Der Schuh muß so gebaut sein, wie unser Fuß anatomisch gebaut ist. Er ist im Fersenbereich schmal, im Zehenbereich breit, die große Zehe geht gerade nach vor und die Zehen laufen vorne nicht symmetrisch zusammen.

Das nächste Problem stellt der modebedingte STÖCKEL dar, der, je höher er wird, umso mehr FEHLSTATIK im Bereich des Beckens und in der Wirbelsäule erzeugt. Die STÖCKELUNSITTE ist nicht unwesentlich an der Volkskrankheit „KREUZSCHMERZEN" mitbeteiligt. Hätte unser Schöpfer gewollt, dass der Mensch einen Stöckel braucht, hätte er ihn mit einem Stöckel zur Welt gebracht. Er hat es nicht, wir brauchen ihn auch nicht. Es ist allerdings nichts einzuwenden, wenn Damen gelegentlich einmal Stöckelschuhe tragen, um mit nach oben gedrückten Wadenmuskeln elegante, schlanke Beine vorzutäuschen. Beim Tragen von Stöckelschuhen kommt es halt wie bei allem im Leben auf die DOSIERUNG an, was man zu viel und intensiv macht, schadet sicher.

Meine Schuhe, die ich täglich trage, entsprechen ganz der anatomischen Fußform, sind im Zehenbereich asymmetrisch breit und flach ohne Fersenerhöhung. Auf die Frage von Menschen, ob dies GESUNDHEITSSCHUHE sind, blicke ich meistens auf die Schuhe des Fragestellers und erkläre ihm, dass ich ganz normale, der Fußform entsprechende Schuhe besitze, er jedoch die Fuß- und Wirbelsäulenstatik schädigende KRANKHEITSSCHUHE trage.

Den Begriff Gesundheitsschuhe gibt es für mich nicht, es gibt nur NORMALSCHUHE und KRANKHEITSSCHUHE. Da das „KREUZ MIT DEM KREUZ" bei den Füßen, d. h. bei den Schuhen beginnt, wäre es an der Zeit, dass die sog. SCHUHMODEDIKTATOREN nicht weiterhin so gewissen- und verantwortungslos mit der Gesundheit der Menschen umgehen.

> „SCHÖN KANN AUCH SEIN - WAS NICHT SCHÄDIGT".

V. Säule

SITZEN

Wir sind nicht zum Sitzen geboren. Wir verbringen jedoch gezwungenermaßen einen Großteil des Tages in Sitzposition (Sitzen beim Frühstück, Sitzen im Auto, Sitzen am Arbeitsplatz/Schule, Sitzen beim Mittagessen, Abendessen, Sitzen bei kulturellen und sportlichen Veranstaltungen, Sitzen bei Partys, Sitzen bei Vorträgen, in Schulen und Versammlungen, Sitzen im Kino, Sitzen beim Fernsehen, Sitzen, Sitzen, Sitzen...).
In unserer INFORMATIONSWELT (Computer, Radio, Fernsehen...) werden die „SITZENDEN" immer zahlreicher, die Sitzstunden summieren sich und die DEGENERATION ZUR SITZGESELLSCHAFT schreitet mit raschem Tempo unaufhaltsam voran.
Im Sitzen sind gezielte Bewegungen der Arme mit Einbeziehung des Rumpfes nur möglich, wenn die Füße auf dem Boden festen Halt finden. Ist das nicht der Fall, wird durch die Extremitätenbewegung auf die große Masse des Rumpfes ein Rotationsimpuls um eine quer oder senkrechte Achse, je nach Richtung der Bewegung, ausgeübt. Es ist daher so nicht möglich, gezielt zu einem auf einem Tisch etwas entfernter stehenden Glas zu greifen. Man kann das leicht selbst ausprobieren, indem man, auf einem Sessel sitzend, die Beine anhebt, sodass die Füße den Boden nicht berühren. Wenn man nun nach irgendeinem Gegenstand greift, gelingt es nur, wenn man den Oberkörper ganz starr hält und die Bewegung als reine Extremitätenbewegung ausführt.

Wenn Kinder auf zu hohen Sesseln sitzen und mit ihren Füßen keinen Halt finden, müssen sie mit starrem Oberkörper lernen, nur die Arme zu bewegen. Machen sie das nicht, müssen sie die Armbewegungen durch gegenläufige Bewegungen der Beine ausgleichen. Bezüglich der so vornehmen Sitzweise der Damen mit geschlossenen Beinen ist zu sagen, dass auch hier Rumpfbewegungen unterdrückt werden müssen, da man sonst leicht das Gleichgewicht verliert. So bedeutet die Hosenmode und das Tragen langer weiter Röcke einen begrüßenswerten Fortschritt.
Was das SITZEN IN DER SCHULE für Schreibarbeiten betrifft, soll, wo nur irgend möglich, ein Schrägpult benützt werden, da dabei die Drehung des Armes zur Rumpfstellung am idealsten ist und so die geringste Gefahr besteht, den sogenannten Anteflexionskopfschmerz durch die starke Beugung der Halswirbelsäule zu bekommen. Bei manuellen Tätigkeiten soll man immer darauf achten, die Schulterblätter nach hinten unten zu fixieren und nicht hochzuziehen, da sonst das Gewicht der Arme mittels der oberen Fixatoren des Schultergürtels an der Halswirbelsäule hängt. Diese ist solchen Überlastungen auf längere Zeit nicht gewachsen. Entsprechende Beschwerden im Bereich der Halswirbelsäule beziehungsweise der Nackenmuskulatur sind die Folge.

V. Säule

Sitzen wird zur Menschheitsgeißel.

SITZEN belastet nicht nur den Organismus, sondern unser gesamtes Gesundheitssystem. Die durch das Sitzen hervorgerufenen Becken- und Wirbelsäulenschäden bewegen sich schleudersitzartig rasant nach oben und machen die Menschen im wahrsten Sinn des Wortes zu irreparablen „SITZKRÜPPELN" mit allen nur erdenklichen Wirbelsäulendeformitäten.

Der einzige Ausweg aus diesem Schlamassel ist: „WENIGER IST MEHR" - (WENIGER SITZEN BRINGT MEHR GESUNDHEIT).

Alternativüberlegungen müssen in Richtung „PHYSIOLOGISCHE SITZGERÄTE" gehen, wobei zu beachten ist, dass jeder Mensch auf seine ganz persönliche Weise sitzt.

Sogenanntes „genormtes Sitzen" gibt es nicht, wenn uns das einige „Sitzexperten" auch glaubhaft machen wollen.

Abhilfe zu diesem Problem können, wenn überhaupt, Sitzgeräte bringen, die sogenanntes DYNAMISCHES oder BEWEGTES SITZEN ermöglichen, damit durch ausgewogene Be- und Entlastung der Wirbelsäule die erforderlichen Stoffwechselprozesse ermöglicht werden.

SITZGERÄTE, die genormte Sitzpositionen und statische Gelenkswinkel vorgeben, sind zu meiden. SITZGERÄTEN mit VARIANTENREICHEN SITZPOSITIONEN ist der absolute Vorzug zu geben unter dem Motto:

„SITZE DICH DYNAMISCH GESUND!"

VI. Säule

LIEGEN

LIEGEN kann, muß aber nicht immer erholsam sein. Ein Mensch mit einem optimal funktionierenden Bewegungsapparat, bei dem alle Gelenksmuskeln in Balance sind, wird beim Liegen bzw. Schlafen kaum Probleme haben, egal in welchem Bett er sich auch befindet. In diesem Fall spielt die Liegefläche keine entscheidende Rolle. Schon anders verhält es sich bei Menschen, deren Bewegungsapparat in MUSKULÄRER DYSBALANCE ist. Hier kommt der Liegefläche (Lattenrost und Matratze) eine wichtige Bedeutung zu. Sie sollte so beschaffen sein, dass die Schwerpunktmassen des Körpers, das sind Becken und Schulter, um ein gewisses Maß punktuell einsinken können. Dadurch entsteht für die Wirbelsäule eine gewisse ZUGSPANNUNG und eine REGENERATIONSMÖGLICHKEIT FÜR DIE BANDSCHEIBEN. Durch die liegende Position kommt es zu einer Entlastung des Bewegungsapparates; die tagsüber auftretenden Blockierungen und Muskelverspannungen können so im Schlaf gelöst werden.

Entscheidende Phasen im Schlaf sind die sog. REM - PHASEN (rapid eye movement - Phasen), die in bestimmten Rhythmen mehrmals nachts einsetzen, wobei Herzfrequenz und Atmung gesteigert, jedoch die Muskelspannung und der Blutdruck gesenkt sind. Dabei erfolgt bei vermehrter Bewegung und verminderter Muskelspannung eine optimale MOBILISATION DER GELENKE.

Der Mensch wird dadurch im Schlaf auch länger und der Belastungsdruck des Tages auf die Wirbelsäule wird aufgehoben.

Wie soll nun ein Funktionsbett beschaffen sein?

- Lattenrost in Verbindung mit Matratze soll ein punktuelles Einsinken von Hüfte und Becken ermöglichen (ZUGSPANNUNG FÜR DIE WIRBELSÄULE - ENTLASTUNG DER BANDSCHEIBEN).

- DURCHLÜFTUNGSMÖGLICHKEIT der Matratze von unten her muß gegeben sein (der Mensch gibt über Nacht ca. 3/4 l Wasser ab).

- Matratze und Bettauflage sollen aus NATURFASERN, am besten aus Schurwolle bestehen (siehe Tempel des Wohlbefindens Säule Bekleiden - Seite 139 - 139).

- Der Platz des Bettes sollte frei von Erdverstrahlung bzw. frei von Elektrosmog sein.

VII. Säule

BEKLEIDEN

Das subjektive Wohlbefinden beim Tragen von Bekleidung aus NATURFASERN konnten wir bereits im Jahre 1991 durch ein groß angelegtes Stoffmeßprojekt nachweisen. Es wurden damals auf der Suche nach FUNKTIONELLEN SPORTBEKLEIDUNGEN für den Ausdauersportbereich sowohl Kunststoff als auch Naturstoffbekleidungen genau untersucht.

Dabei war es notwendig, die Messungen mit der Skelettmuskelarbeit in Verbindung zu bringen. Muskeln können nur kontrahieren, d. h. Leistung erzeugen, wenn ihnen BIOMECHANISCHE ENERGIE zur Verfügung gestellt wird, von der ca. 10 - 25% in Bewegung (mechanische Energie) umgesetzt wird, während der größere Teil (bis 75 %) in Wärme umgeleitet wird. Es ist nun wichtig, dass die bei der Muskelarbeit freigesetzte Wärme über das TEMPERATURREGELSYSTEM des Menschen abtransportiert werden kann. Dies würde am besten funktionieren, wenn wir nackt, wie die alten Griechen, Sport treiben könnten.

In unseren Klimabereichen ist jedoch die sog. 2. HAUT (sprich BEKLEIDUNG) immer notwendig. Entscheidend ist, mit welchem Stoff (Bekleidung) ich meine eigene Körperhaut bedecke, damit das Temperaturregelsystem ungehindert funktionieren kann.

Denn wenn die Temperatur durch körperliche oder sportliche Tätigkeit im Körperinneren ansteigt, werden Mechanismen der Wärmeabgabe aktiviert. Als 1. Schritt wird die Durchblutung der Haut gesteigert (Blutgefäße der Haut besitzen eine große Oberfläche und wirken als Wärmetauscher, BLUT = KÜHLMEDIUM). Um einen weiteren Anstieg der Kerntemperatur zu verhindern, werden die Schweißdrüsen aktiviert (VERDUNSTUNG VON SCHWEISS BEDEUTET KÜHLUNG).

Durch diese Thermoregulation in Form einer Umverteilung des Blutstroms in die Haut - und damit von der arbeitenden Muskulatur weg - ist der Körper bei starker thermischer Beanspruchung und gleichzeitig hoher Beanspruchung durch Muskelarbeit früher gezwungen, den ANAEROBEN STOFFWECHSELWEG zur Energiegewinnung heranzuziehen. Dies führt zu einer LAKTATBILDUNG und in der Folge zur HEMMUNG DES MUSKELSTOFFWECHSELS, da eine optimale Sauerstoffversorgung der Muskulatur nicht gewährleistet ist.

Die Folge ist ein körperlicher Leistungsabfall.

Die gewonnenen Meßdaten ergaben, dass Bekleidungssysteme aus unterschiedlichen textilen Grundmaterialien signifikante Unterschiede sowohl im Bereich der Thermoregulation als auch vor allem in der physiologischen Energiebereitstellung und der

VII. Säule

Stoffwechselanpassung bewirken. Die Verwendung von WOLLE als Bekleidungsmaterial führt im Vergleich zu POLYPROPYLEN zu einer günstigeren Wärmeabgabe des Organismus und sie unterstützt daher die Thermoregulation.

Die günstigeren Wärmeabgabe-Bedingungen resultieren in einer geringeren Wärmespeicherung im Organismus, die sich in kleineren Kerntemperaturdifferenzen niederschlägt. Diese reduzierte Wärmespeicherung im Organismus bedingt ihrerseits einen langsameren Anstieg der Laktatkonzentration unter Belastung und deutet damit auf eine bessere Ausnutzung der AEROBEN ENERGIEGEWINNUNG hin. Dadurch tritt der Zustand der subjektiven Erschöpfung erst bei höheren Belastungswerten des verwendeten Stufenprotokolls auf.

Diese neuen revolutionierenden Erkenntnisse über WOLLE, verarbeitet als SPORTBEKLEIDUNG, untermauern voll und ganz unsere subjektiven Wahrnehmungen und bestätigen die schon bekannten positiven Eigenschaften der Wolle, die sich aufgrund des Faser- und Molekularaufbaues ergeben; dazu gehört die Fähigkeit des Wollhaares, Feuchtigkeit in Dampfform bis zu 33% ihres Eigengewichtes aufzunehmen und je nach Temperatur wieder abzugeben, um den Körper trocken zu halten, was für ein Wohlgefühl zu jeder Jahreszeit sorgt (WOLLE WIRKT KLIMAAUSGLEICHEND).

Zusätzliche Energiestrommessung am menschlichen Körper in Verbindung mit unterschiedlichen Stoffen mittels der KIRLIANPHOTOTECHNIK zeigten gleiche Ergebnisse.

Auf den Nenner gebracht, ermöglichen die sog. ACTIVE-WOOL-PRODUKTE allen Hobby- und Leistungssportlern besseres WOHLBEFINDEN UND LEISTUNGSSTEIGERUNG.

Schlußbemerkung zum Tempel des Wohlbefindens

Zusammenfassend kann man schlicht und einfach sagen:

„ZEIGE MIR,
WIE DU DICH BEWEGST,
WIE DU SITZT,
WIE DU LIEGST,
WIE DU DICH ERNÄHRST UND
WIE DU GEHST,
DANN SAGE ICH DIR,
WIE ES DIR GEHT!"

„JEDER IST SEINES WOHLBEFINDENS SCHMIED".

Welche Sportarten sind gesund?

Generell kann gesagt werden, dass es immer auf die DOSIERUNG ankommt, d. h. wie lange und wie intensiv man mit körperlichen Fehlbelastungen eine Tätigkeit oder Sportbewegung ausführt. Kurzzeitige Tätigkeiten in Fehlhaltungen werden kaum negative Spuren hinterlassen. Diese Überlegung gilt sowohl für Belastungen im Sport, als auch für Freizeit und Beruf. So haben z. B. SEKRETÄRINNEN deshalb ihre vorprogrammierten HALS-, NACKEN- UND SCHULTERPROBLEME, weil sie täglich zu lange in UNPHYSIOLOGISCHEN FEHLHALTUNGEN im Arm- und Handbereich am Computer ihre Tätigkeit ausüben. In diesem Fall trägt, wie im Sport, immer das SPORTGERÄT bzw. das ARBEITSGERÄT die Schuld.

Der Computer müßte so gebaut sein, dass die Tastatur seitlich am Gerät angebracht wäre; denn bei NATÜRLICHER ARM- UND HANDHALTUNG nach vorne muß in vorhandenen BEWEGUNGSMUSTERN der DAUMEN immer NACH OBEN WEISEN, was bei der derzeitigen Anordnung der Tastatur nicht möglich ist.

Auch IM SPORT sollten die zu benützenden SPORTGERÄTE analysiert und hinterfragt werden, ob die Sporttätigkeit auch mit unseren angeborenen natürlichen Bewegungsmustern noch möglich ist. Versuchen wir nun in diesem Sinne einige Trendsportarten zu analysieren und auf eventuelle Fehlbelastungen hinzuweisen, die bei langzeitiger und intensiver Dosierung physiologische Schäden hervorrufen können, vorausgesetzt, es sind nicht schon angeborene oder verletzungsbedingte Vorschäden vorhanden:

Gehen - Laufen ist vollkommen problemlos (aber nicht Gehen als olympische Sportdisziplin), da es unsere angeborene Fortbewegungsart darstellt.

Schilanglauf ist problemlos, da es mit den vorhandenen natürlichen Bewegungsmustern des Gehens/ Laufens ausgeführt wird.

Alpiner Schilauf ist unproblematisch, aber nur dann, wenn nicht durch veraltete schitechnische Bewegungsanweisungen wie z.B. VERWINDUNGSTECHNIK von Kruckenhauser und Hoppichler, unsere gespeicherten Bewegungsmuster des Gehens und Laufens unterbunden werden. Wie Schilanglaufen, Eislaufen und Inlineskaten funktioniert auch das alpine Schilaufen auf natürliche Art mit VERWRINGUNGSBEWEGUNGEN, wobei der Rumpf zum stärker beugenden Bein dreht und beugt (VORDREHBEUGE). CARVING ist eine natürliche Art des alpinen Schilaufs.

Snowboarden ist problematisch, da einerseits durch Fixierung beider Beine auf einem Brett die Gehmuster ausgeschaltet werden und andererseits durch die zwei grundverschiedenen Richtungsänderungen (Frontside - Backside - Schwünge) die Belastungen auf Becken, Wirbelsäule und Kniegelenke enorm sind.

Welche Sportarten sind gesund?

Eislaufen ist problemlos, es funktioniert mit natürlichen Bewegungsabläufen.

Inlineskaten ist problemlos wie Eislaufen.

Rudern ist problematisch, da durch die unnatürliche Arm- und Handhaltung und die synchrone Beinarbeit besonders das Becken und der Rumpf unphysiologisch belastet werden.

Tennis ist problematisch, da durch die Einseitigkeit besonders Überlastungen im Schulter- und Beckenbereich auftreten.

Radfahren ist sehr problematisch, weil durch die starre Lenkerhaltung die natürlichen Bewegungsmuster in der Koordinierung der Beine und der Wirbelsäule unterbunden werden; außerdem besteht eine unphysiologische Arm- und Handhaltung, wenn kein Hornlenker vorhanden ist. Dazu kommt, dass bei einem Rennlenker, der nach unten gedreht ist, es zu zusätzlichen Fehlbelastungen der Wirbelsäule kommt (Brust- und Lendenwirbelsäule sind in diesem Fall gebeugt, während die Halswirbelsäule, um nach vorne blicken zu können, in unphysiologischer Dauerstreckstellung als gegenläufige Haltung zur Brust und Lende fixiert ist).

Golf ist problematisch, da einseitige körperliche Überlastungen entstehen.

Schwimmen ist problematisch, wenn die Schwimmlage nicht stimmt. Ansage: „Der Arzt hat gesagt, ich soll viel schwimmen!" Bemerkung: „Hat er auch gefragt, ob Sie schwimmen können" - gemeint ist nicht, dass Sie „absaufen", - sondern ob Sie richtig schwimmen können, d.h. mit richtiger Wasserlage: Kopf und Hals sollten immer im Wasser sein und nur kurz zum Atemholen gehoben werden. Wenn man nicht so schwimmt, wird Schwimmen zum Problem für die Wirbelsäule.

Tanzen ja, aber nur dann, wenn der Rhythmus gefühlvoll in Bewegungen umgesetzt werden kann und nicht krampfhaft gelernte Tanzschrittfolgen wie im Marionettentheater kunstvoll ohne innere Anteilnahme heruntergespult werden.

Richtiges Tanzen ist ein sich anschmiegendes Hineinfühlen in den jeweiligen Rhythmus, wobei das Gefühlte in harmonisch fließende Gesamtkörperbewegungen umgesetzt wird. Tanzen darf allerdings nicht mit Stöckelschuhen zum Stelzenlaufen werden. Der Fuß kann mit dünnen hohen Stöckeln keinesfalls das erforderliche weiche Kontaktgefühl zum Boden finden - deshalb wird rhythmische Sportgymnastik auch barfuß getanzt.

Reiten - Auf die Frage, ob Reiten gesund ist, gibt es für mich als Tierliebhaber nur eine Antwort: „Nicht einmal für das Pferd!"

Welche Sportarten sind gesund?

Abschließend

zu diesen Überlegungen und Analysen

soll festgehalten werden, dass alle Sporttätigkeiten

maßvoll ausgeübt werden können,

wenn man seinen Bewegungsapparat

gezielt auf die unterschiedlichsten Anforderungen

abstimmt, trainiert und die Tätigkeiten richtig dosiert.

Die 7 Aigelsreiter

können mit dem Schwerpunkttraining

Becken - Wirbelsäule einen wertvollen

Vorbereitungsbeitrag liefern.

Autoren

„ERST WENN DU ERKENNST,
DASS DU ALLEIN FÜR DICH VERANTWORTLICH BIST,
KANNST DU MIT DIR
UND AN DIR
ETWAS VERÄNDERN."

„HILF DIR SELBST!"

Autoren

Hofrat Prof. Mag. Dr. Helmut Aigelsreiter, geboren am 3. 1. 1930 in Mürzzuschlag, Direktor der Bundesanstalt für Leibeserziehung Graz i. R., Präsident des Verbandes der Tennisinstruktoren Österreichs (VTÖ) und Präsident des Verbandes der Snowboardschulen und Snowboardinstruktoren Österreichs (VSÖ). Staatlich geprüfter Schilehrer, Schilehrwart, Leiter der zentralen Schiausbildung an Pädagogischen Akademien Österreichs, staatl. geprüfter Trainer für Badminton, Schijugendtrainer, Koordinator der „D-Trainer-Ausbildung" - Schi alpin, Mitglied des österreichischen Kuratoriums für alpine Sicherheit, Mitglied des Interski Austria, Mitglied des österreichischen Arbeitskreises Schilauf an Schulen, korrespondierendes Mitglied des KTM des deutschen Schilehrplanes. Lehrbeauftragter der medizinischen Universität Graz.

Veröffentlichungen
Mürzzuschlag, die Wiege des Schilaufes und sein Wintersportmuseum" 1962; „Vom Schulschilauf zum Rennschilauf" (Österr. Bundesverlag, Wien 1968); „Konditionstraining mit Musik" (Eigenverlag 1970); „Schitraining zu Hause mit Musik" (Verlag Styria, Graz 1972); „Sportlicher Schilauf" Band I und II (Offsetdruck Ing. H. Kurz, Langenwang 1973, 1975); „Österreichisches Schitraining" (Offsetdruck Ing. H. Kurz, Langenwang 1975); „Schulkurzturnen für HS und VS" (Verlag SHB Film, Wien 1975); „Schilauf - sportlich, situationsgerecht, sicher" (Offsetdruck Ing. H. Kurz, Langenwang 1978); DKB-SYSTEM (Eigenverlag Aigelsreiter – Lanz 1980); „Jungbleiben beim Älterwerden" (Eigenverlag 1999), Die 7 Aigelsreiter (Eigenverlag 2001), VHS-Video „Die 7 Aigesleiter" (Eigenverlag 2001).
„Die 7-DKB-Sessel-Aigelsreiter" (Eigenverlag 2004)
DVD-Video „Die 7-Aigelsreiter" (Eigenverlag 2006)
„Die 7 Schnee-Aigelsreiter" (Eigenverlag 2006)
„Gesunder Schilauf - Projekt (Eigenverlag 2006)
„Nordic Walking – Schritt für Schritt" (Kral Verlag 2007)

Schilehrfilme
„Vom Schulschilauf zum Rennschilauf" 1968
„Spielformen des Schilaufs" 1970
(approbiert vom BMFUK

Entwicklungen
Entwicklung eines Fitneßgerätes „Fitneßsticks"
Entwicklung eines Turngerätes „Universallangbank"
Entwicklung eines „anatomischen Schistockgriffes"
Entwicklung des weltweit ersten „Fußparcours" in den Anlagen der Therme Bad Waltersdorf.
Entwicklung - Rondosan Fit- und Sit-Ball
Entwicklung des Atemschulungsgerätes Spirosanic (2005)

Dr. Alena Aigelsreiter
Geboren 25.04.1988 in Graz

AKADEMISCHE UND SCHULISCHE AUSBILDUNG:
- 1998-2006 Akademisches Gymnasium Graz
- Matura 2006 (mit ausgezeichnetem Erfolg)
- 2006-2012 Studium der Humanmedizin an der Medizinischen Universität Graz
- 2012 Abschluss mit ausgezeichnetem Erfolg

- BERUFSERFAHRUNG:
- 2008-2010 Biobank der Medizinischen Universität Graz, wissenschaftliche Mitarbeiterin
- 2012: UKH Graz, Turnusärztin
- 2012-2013 LKH Klagenfurt, Facharztausbildung für Neurochirurgie
- Ab 2013 Universitätsklinik für Neurochirurgie, Graz
- Facharztausbildung für Neurochirurgie, Schwerpunkt Wirbelsäulenchirurgie
- Ausbildung für Kurmedizin, Rehabilitation und Wellness
- Ausbildung für Akupunktur
- Permanente Vortragstätigkeiten und Betreuung der Kursteilnehmer bei DKB Seminaren
- in ganz Österreich

Die 7 abschließenden Gedanken zur Abrundung der 7 Aigelsreiter

- Es zählt nicht, was war,
  es zählt immer nur das Jetzt.

- Nie zur Ruhe setzen,
  immer neue Ziele setzen.

- Sei nicht Zuseher - sondern Gestalter
  deines Lebens.

- Halte dich und deinen Körper
  immer in Bewegung - Leben heißt Bewegen.

- Nutze jede Minute, um aktiv zu sein.

- Betrachte kein Tun als Muß (nicht ich muß,
  sondern ich darf - und vor allem - ich kann -
  ich bin in der Lage, es zu tun,
  so wird das Tun zum positiven Tun).

- Während die täglichen 7 Aigelsreiter
  dich positiv verändern, werden sich zu
  deinem Wohlbefinden von selbst
  weitere Türen öffnen.

Ankündigung

Dr. Alena Aigelsreiter und Dr. Helmut Aigelsreiter halten für Vereine, Verbände, Firmen, Organisationen, Kammern, Sparkassen und Privatgruppen nach vorheriger Kontaktnahme

**DKB-Vorträge
sowie DKB-Halbtags-, Tages-
und Wochenseminare
in Theorie und Praxis
zu den Themen:**

- Früherkennen und Vermeiden von Störungen am Bewegungsapparat

- Wohlbefinden durch richtiges Gehen, Sitzen, Liegen, Bekleiden, Ernähren und Bewegen

- Gymnastische Atemschulung

- Mentales Training über Körperschulung

- Körper, Geist und Seele im Einklang

- Gesunde Wirbelsäule, gesunde Gelenke - Rezept für Selbstbehandlung

- JUNG BLEIBEN BEIM ÄLTER WERDEN

ANMELDUNGEN FÜR DKB-SEMINARE SOWIE BEZUGSQUELLEN DER BÜCHER:

„DKB-SYSTEM"

„JUNG BLEIBEN BEIM ÄLTER WERDEN"

„DIE 7 AIGELSREITER"

DVD - „DIE 7 AIGELSREITER"

„DIE 7-SESSEL AIGELSREITER"

„NORDIC WALKING - SCHRITT FÜR SCHRITT"

DKB Institut
Untere Teichstraße 88
A-8010 Graz
Tel. u. Fax (0316) 46 61 41
e-mail:
aigelsreiterhelmut@hotmail.com
www.aigelsreiter.com
Buch- und/oder DVD-Bestellungen nur schriftlich, per Fax und e-mail.
Versand per Nachnahme.

Literatur

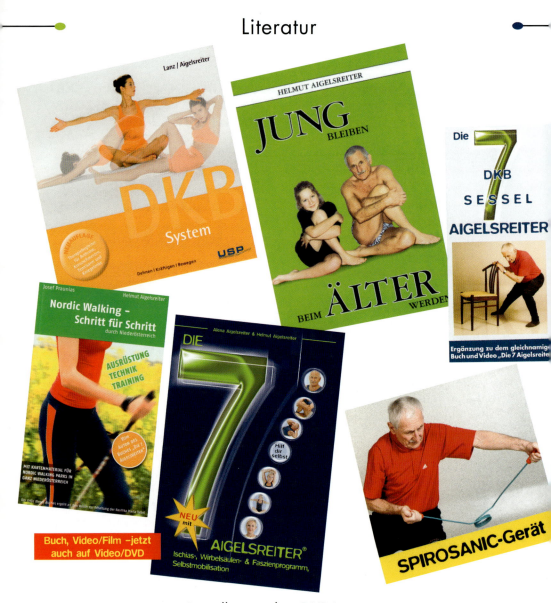

Bestellungen bei DKB-Institut
Dr. Alena Aigelsreiter, Dr. Helmut Aigelsreiter

A-8010 Graz, Untere Teichstraße 88
Tel. u. Fax: 0316 / 46 61 41
e-mail: aigelsreiterhelmut@hotmail.com
www.aigelsreiter.com

Was dein Schöpfer dir gegeben, erwirb es täglich, um es zu besitzen!

> Vertrau auf Gott,
> doch auch
> auf eigene Kraft,
> Gott segnet nur,
> was du dir
> selbst geschafft!

Marterlspruch aus Kärnten

Besuchen Sie uns auf:
facebook.com/steiermaerkische

Freudentränen.

Jedes Ziel zählt.

Jedes sportliche Ziel ist so individuell wie die Sportler selbst.
Wir stehen hinter dieser Einzigartigkeit und wünschen viel Erfolg.

Steiermärkische
SPARKASSE
Was zählt, sind die Menschen.

Das beste Schlafmittel gibt's nicht in der Apotheke.

Die Menschheit wird nicht müde, immer wieder von Neuem Mittel und Rezepte für besseren Schlaf zu suchen. Manches wirkt, manches weniger. Dabei liegt das Einfachste und Bewährteste näher, als sich viele zu träumen wagen: ein einladendes und komfortables Bett. Besser gesagt, ein Hüsler Nest.

In diesem original Schweizer Naturbett können Sie nämlich gar nicht anders als erholsam schlafen. Und zwar ganz ohne Nebenwirkungen. Weil Sie im Hüsler Nest genau das finden, was es für eine gute Nacht braucht: natürliche Nestwärme. Dank seiner genialen, unvergleichlichen Bauweise ohne Chemie, Synthetik und Metall. Natur pur steckt bereits in der wohligen Auflage aus reinster Schurwolle. Sie stammt von Schafen, die den Stall nur vom Hörensagen kennen. Da die Wolle nur mechanisch bearbeitet und gewaschen wird, ist sie entsprechend langlebig, atmungsaktiv und pflegeleicht. Darum bleibt das Hüsler Nest auch auf Dauer frisch und genauso hygienisch wie am ersten Tag.

Unter der Wollauflage kommt die Matratze aus reinem Naturlatex zum Tragen. Elastisch schmiegt sie sich an den Körper und sorgt für den gewünschten Liegekomfort. Leicht und flexibel, lässt sie weder Druckstellen noch Durchblutungsstörungen zu. Zudem ist Latex von Natur aus antibakteriell.

Das Kernstück im Hüsler Nest aber ist das patentierte Liforma-Federelement. Es ist spürbar komfortabler als ein herkömmlicher Lättlirost, weil der Druck gleichmässig über die ganze Bettfläche verteilt wird. Seine speziellen Trimellen aus Massivholz sind äusserst belastbar, können einzeln ersetzt und ausgewechselt werden und lassen Feuchtigkeit durch, was sich ebenfalls positiv auf das Bettklima auswirkt.

Sie sehen: Im Hüsler Nest beginnt der gute Morgen bereits am Abend. Möchten Sie mehr über unser unvergleichliches Bettsystem erfahren? Wir informieren Sie gerne umfassend darüber, warum im Hüsler Nest die Chemie auf ganz natürliche Art stimmt. Und wo genau das beste Schlafmittel auf Sie wartet.

Garantiert ohne Nebenwirkungen: Das Liforma-Federelement

Hüsler Nest AG
Murmeliweg 6
4538 Oberbipp
Tel. 032 636 53 60
Fax 032 636 53 61
www.huesler-nest.ch

Das original Schweizer Naturbett.